René Guénon

EL ESOTERISMO DE DANTE

OMNIA VERITAS

René Guénon
(1886-1951)

El Esoterismo de Dante

1925

Título original: "*L'Ésotérisme de Dante*"

Primera publicación en 1925 - Paris, Ch. Bosse, y luego
Éditions Traditionnelles

Publicado por

OMNIA VERITAS LTD

www.omnia-veritas.com

René Guénon

CAPÍTULO I

SENTIDO APARENTE
Y SENTIDO OCULTO

O voi che avete gl´ intelletti sani,
Mirate la dottrina che s´asconde
*Sotto il velame delli versi strani*l

Con estas palabras[1], Dante indica de una manera muy explícita que hay en su obra un sentido oculto, propiamente doctrinal, del que el sentido exterior y aparente no es más que un velo, y que debe ser buscado por aquellos que son capaces de penetrarle. En otra parte, el poeta va más lejos todavía, puesto que declara que todas las escrituras, y no solo las escrituras sagradas, pueden comprenderse y deben explicarse principalmente según cuatro sentidos: «si

---

[1] *Inferno*, IX, 61-63.

possono intendere e debbonsi sponere massimamente per quattro sensi»[2]. Por lo demás, es evidente que estas significaciones diversas no pueden en ningún caso destruirse u oponerse, sino que deben al contrario completarse y armonizarse como las partes de un mismo todo, como los elementos constitutivos de una síntesis única.

Así pues, el hecho de que *la Divina Comedia*, en su conjunto, pueda interpretarse en varios sentidos, es una cosa que no puede prestarse a ninguna duda, puesto que tenemos a este respecto el testimonio mismo de su autor, ciertamente mejor cualificado que todo otro para enseñarnos sobre sus propias intenciones. La dificultad comienza solo cuando se trata de determinar estas diferentes significaciones, sobre todo las más elevadas o las más profundas, y es también ahí donde comienzan naturalmente las divergencias de los puntos de vista entre los comentadores. Éstos concuerdan generalmente en reconocer, bajo el sentido literal del relato poético, un sentido filosófico, o más bien

---

[2] *Convito*, t. II, cap. I.

filosófico-teológico, y también un sentido político y social; pero, con el sentido literal mismo, esto no suma todavía más que tres, y Dante nos advirtió de buscar en ella cuatro; ¿cuál es pues el cuarto? Para nos, no puede ser más que un sentido propiamente iniciático, metafísico en su esencia, y al cual se vinculan múltiples datos que, sin ser todos de orden puramente metafísico, presentan un carácter igualmente esotérico. Es precisamente en razón de este carácter por lo que ese sentido profundo ha escapado completamente a la mayoría de los comentadores; y sin embargo, si se le ignora o si se le desconoce, los demás sentidos mismos no pueden ser aprehendidos más que parcialmente, porque él es como su principio, en el que se coordina y se unifica su multiplicidad.

Aquellos mismos que han entrevisto este lado esotérico de la obra de Dante han cometido muchas equivocaciones en cuanto a su verdadera naturaleza, porque, lo más frecuentemente, les faltaba la comprehensión real de estas cosas, y porque su interpretación fue afectada por prejuicios de los que les era imposible deshacerse. Es así como Rossetti y Aroux, que fueron de los primeros en señalar la existencia de este esoterismo, creyeron poder concluir de ello la «herejía» de Dante, sin darse cuenta de que eso era mezclar consideraciones que se refieren a dominios completamente diferentes; el hecho es que, si sabían algunas cosas, había muchas otras que ignoraban, y que vamos a intentar indicar, sin tener de ningún modo la pretensión de dar una exposición completa de un tema que parece verdaderamente inagotable.

Para Aroux, la cuestión se planteaba así: ¿fue Dante católico o albigense? Para otros, parece plantearse más bien en estos términos: ¿fue cristiano o pagano?[3]. Por nuestra parte, no pensamos que sea menester colocarle en un tal punto de vista, ya que el esoterismo verdadero es algo muy diferente de la religión exterior, y, si tiene algunas relaciones con ésta, eso no puede ser sino en tanto que encuentra en las formas religiosas un modo de expresión simbólico; por lo demás, importa poco que esas formas sean las de tal o cual religión, puesto que aquello de lo que se trata es la unidad doctrinal esencial que se

---

[3] Cf. Arturo Reghini, l'*Allegoría esoterica di Dante* en el *Nuovo Patto*, septiembre-noviembre de 1921, pp. 541-548.

disimula detrás de su aparente diversidad. Por eso
es por lo que los antiguos iniciados participaban
indistintamente en todos los cultos exteriores,
según las costumbres establecidas en los diversos
países donde se encontraban; y es también porque
veía esta unidad fundamental, y no por el efecto
de un «sincretismo» superficial, por lo que Dante
ha empleado indiferentemente, según los casos,
un lenguaje tomado ya sea al cristianismo, ya sea
a la antigüedad grecorromana. La metafísica pura
no es ni pagana ni cristiana, es universal; los
misterios antiguos no eran paganismo, sino que
se superponían a éste[4]; y de igual modo, en la
edad media, hubo organizaciones cuyo carácter
era iniciático y no religioso, pero que tomaban su
base en el catolicismo. Si Dante ha pertenecido a
algunas de estas organizaciones, lo que nos parece
incontestable, eso no es una razón para declararle
«herético»; aquellos que piensan así se hacen de
la edad media una idea falsa o incompleta, no ven

---

[4] Debemos decir incluso que preferimos otra palabra a la
de «paganismo», impuesta por un largo uso, pero que no
fue, en el origen, más que un término de desprecio
aplicado a la religión grecorromana cuando ésta, en el
último grado de su decadencia, se encontró reducida al
estado de simple «superstición» popular.

por así decir más que su exterior, porque, para todo el resto, no hay nada en el mundo moderno que pueda servirles de término de comparación.

Si tal fue el carácter real de todas las organizaciones iniciáticas, no hubo más que dos casos donde la acusación de «herejía» pudo ser llevada contra algunos de sus miembros, y eso para ocultar otros agravios mucho mejor fundados o al menos más verdaderos, pero que no podían ser formulados abiertamente. El primero de estos dos casos es aquel donde algunos iniciados han podido librarse a divulgaciones inoportunas, corriendo el riesgo con ello de arrojar la turbación en los espíritus no preparados para el conocimiento de las verdades superiores, y también de provocar desórdenes desde el punto de vista social; los autores de semejantes divulgaciones cometían el error de crear ellos mismos una confusión entre los dos órdenes esotérico y exotérico, confusión que, en suma, justificaba suficientemente el reproche de «herejía»; y este caso se ha presentado en diversas ocasiones en el Islam[5], donde no obstante las

---

[5] Hacemos alusión concretamente al ejemplo célebre de El-Hallâj, condenado a muerte en Baghdad en el año 309

escuelas esotéricas no encuentran normalmente ninguna hostilidad por parte de las autoridades religiosas y jurídicas que representan el exoterismo. En cuanto al segundo caso, es aquel donde la misma acusación fue tomada simplemente como pretexto por un poder político para arruinar a adversarios que estimaba tanto más temibles cuanto más difíciles eran de alcanzar por los medios ordinarios; la destrucción de la Orden del Temple es su ejemplo más célebre, y este acontecimiento tiene precisamente una relación directa con el tema del presente estudio.

---

de la Hégira (921 de la era cristiana), y cuya memoria es venerada por aquellos mismos que estiman que fue condenado justamente por sus divulgaciones imprudentes.

CAPÍTULO II

LA «FEDE SANTA»

E n el museo de Viena se encuentran dos medallas de las que una representa a Dante y la otra al pintor Pierre de Pisa; ambas llevan al reverso las letras F.S.K.I.P.F.T., que Aroux interpreta así: *Frater Sacroe Kadosch, Imperialis Pincipatus, Frater Templarius*. Para las tres primeras letras, esta interpretación es manifiestamente incorrecta y no da un sentido inteligible; pensamos que es menester leer *Fidei Sanctoe Kadosch*. La asociación de la *Fede Santa*, de la que Dante parece haber sido uno de los jefes, era un «Tercer Orden» de filiación templaria, lo que justifica la denominación de *Frater Templarius*; y su dignatarios llevaban el título de *Kadosch*, palabra hebrea que significa «santo» o «consagrado», y que se ha conservado hasta nuestros días en los altos grados de la Masonería. Se puede apreciar ya por eso que no es sin razón el hecho de que

Dante tome como guía, para el fin de su viaje celeste[6], a San Bernardo, que estableció la regla de la Orden del Temple; y parece haber querido indicar así que era solo por la mediación de éste como se hacía posible, en las condiciones propias de su época, el ascenso al grado supremo de la jerarquía espiritual.

En cuanto al *Imperialis Principatus*, para explicarlo, uno no debe quizás limitarse a considerar el papel político de Dante, que muestra que las organizaciones a las que pertenecía eran entonces favorables al poder imperial; es menester precisar además que el «Sacro Imperio» tiene una significación simbólica, y que hoy todavía, en la Masonería escocesa, los miembros de los Consejos Supremos son calificados de dignatarios del Sacro Imperio, mientras que el título de «Príncipe» entra en las denominaciones de un número de grados bastante grande. Además, los jefes de diferentes organizaciones de origen rosacruciano, a partir

---

[6] *Paradiso*, XXXI. — La palabra *contemplante*, por la que Dante designa después a San Bernardo (*id.*, XXXII, 1), parece ofrecer un doble sentido, a causa de su parentesco con la designación misma del *Temple*.

del siglo XVI, han llevado el título de *Imperator*; hay razones para pensar que la *Fede Santa*, en los tiempos de Dante, presentaba algunas analogías con lo que fue más tarde la «Fraternidad de la Rosa-Cruz», si es que ésta no se deriva incluso más o menos directamente de aquella.

Vamos a encontrar todavía muchas otras aproximaciones del mismo género, y Aroux mismo ha señalado un gran número de ellas; uno de los puntos esenciales que ha destacado, sin sacar quizás todas las consecuencias que conlleva, es la significación de las diversas regiones simbólicas descritas por Dante, y más particularmente la de los «cielos». En efecto, lo que figuran estas regiones son en realidad otros tantos estados diferentes, y los cielos son propiamente «jerarquías espirituales», es decir, grados de iniciación; bajo esta relación, habría que establecer una concordancia interesante entre la concepción de Dante y la de Swedenborg, sin hablar de algunas teorías de la Kabbala hebraica y sobre todo del esoterismo islámico. Dante mismo ha dado a este respeto una indicación que es digna de observación: «A vedere quello che per terzo cielo s´intende… dico che per *cielo* intendo la scienza e per *cieli* le scienze»[7]. ¿Pero cuáles son justamente esas ciencias que es menester entender por la designación simbólica de «cielos», y es menester ver en eso una alusión a las «siete artes liberales», de las que Dante, como todos sus contemporáneos, hace mención tan frecuente en otras partes? Lo que da que pensar que debe ser así, es que, según Aroux, «los *Cátharos* tenían, desde el siglo XII, signos de reconocimiento, palabras de paso, una doctrina astrológica: hacían sus iniciaciones en el equinoccio de primavera; su sistema científico estaba fundado sobre la doctrina de las correspondencias: a la Luna correspondía la Gramática, a Mercurio la Dialéctica, a Venus la Retórica, a Marte la Música, a Júpiter la Geometría, a Saturno la Astronomía y al Sol la Aritmética o la Razón iluminada». Así, a las siete esferas planetarias, que son los siete primeros de los nueve cielos de Dante, correspondían respectivamente las siete artes liberales, precisamente las mismas cuyos nombres vemos figurar también sobre los siete escalones del montante de la izquierda de la *Escala de los Kadosch* (grado 30 de la Masonería escocesa). El

---

[7] *Convito*, t. II, cap. XIV.

orden ascendente, en este último caso, no difiere del precedente más que por la intervención, por una parte, de la Retórica y de la Lógica (que sustituye aquí a la Dialéctica), y, por otra, de la Geometría y de la Música, y también en que la ciencia que corresponde al Sol, la Aritmética, ocupa el rango que pertenece normalmente a este astro en el orden astrológico de los planetas, es decir, el cuarto, el medio del septenario, mientras que los *Cátharos* la colocaban en el escalón más alto de su *Escala mística*, como lo hace Dante para su correspondiente del montante de la derecha, la Fe (*Emounah*), es decir, esa misteriosa *Fede Santa* de la que él mismo era *Kadosch*[8].

No obstante, todavía se impone una precisión sobre este tema: ¿cómo es posible que correspondencias de este tipo, que hacen de ellas verdaderos grados iniciáticos, hayan sido atribuidas a las artes liberales, que eran enseñadas pública y oficialmente en todas las escuelas? Pensamos que debía de haber dos maneras de

---

[8] Sobre l'*Échelle mystérieuse des Kadosch*, que trataremos más adelante, ver el *Manuel maçonnique* del F.: Vuilliaume, pl. XVI y pp. 213-214. Citamos esta obra según la 2ª edición (1830).

considerarlas, una exotérica y la otra esotérica: a toda ciencia profana puede superponerse otra ciencia que se refiere, si se quiere, al mismo objeto, pero que le considera bajo un punto de vista más profundo, y que es con respecto a esa ciencia profana lo que los sentidos superiores de las escrituras son con respecto a su sentido literal. Se podría decir también que las ciencias exteriores proporcionan un modo de expresión para verdades superiores, porque ellas mismas no son más que el símbolo de algo que es de otro orden, y porque, como lo ha dicho Platón, lo sensible no es más que un reflejo de lo inteligible; los fenómenos de la naturaleza y los acontecimientos de la historia tienen todos un valor simbólico, porque expresan algo de los principios de los que dependen, de los que son consecuencias más o menos alejadas. Así, toda ciencia y todo arte, por una transposición conveniente, pueden tomar un verdadero valor esotérico; ¿por qué las expresiones sacadas de las artes liberales no habrían desempeñado, en las iniciaciones de la edad media, un papel comparable al que el lenguaje tomado al arte de los constructores desempeña en la Masonería especulativa? E iremos más lejos: considerar las cosas de esta manera, es en suma reducirlas a su principio; así pues, este punto de vista es inherente a su esencia misma, y no sobreagregado accidentalmente; y, si ello es así, ¿no podría la tradición que se refiere a él remontarse al origen mismo de las ciencias y de las artes, mientras que el punto de vista exclusivamente profano no sería más que un punto de vista completamente moderno, que resulta del olvido general de esa tradición? No podemos tratar aquí esta cuestión con todos los desarrollos que conllevaría; pero veamos en qué términos Dante mismo indica, en el comentario que da de su primera *Canzone*, la manera en que aplica a su obra las reglas de algunas de las artes liberales: «O uomini, che vedere non potete la sentenza di questa Canzone, non la rifiutate però; ma ponete mente alla sua belleza, che è grande, sì per *costruzione*, la quale si pertiene alli *grammatici*; sì per l'*ordine del sermone* che si pertiene alli *rettorici*; si per lo *numero delle sue parti*, che si pertiene alli *musici*»[9]. En esta manera de considerar la música

---

[9] He aquí la traducción de este texto: «¡Oh hombres que no podéis ver el sentido de esta *Canzone*!, no la rechacéis no obstante; prestad atención a su belleza, que es grande,

en relación con el número, y por consiguiente como ciencia del ritmo en todas sus correspondencias, ¿no puede uno reconocer un eco de la tradición pitagórica? ¿Y no es esta misma tradición precisamente, la que permite comprender el papel «solar» atribuido a la aritmética, de la que hace el centro común de todas las demás ciencias, y también las relaciones que unen a éstas entre sí, y más especialmente a la música con la geometría, por el conocimiento de las proporciones en las formas (que encuentra su aplicación directa en la arquitectura), y con la astronomía, por el de la armonía de las esferas celestes? A continuación, veremos suficientemente la importancia fundamental que tiene el simbolismo de los números en la obra de Dante; y, si este simbolismo no es únicamente pitagórico, si se encuentra en otras doctrinas por la simple razón de que la verdad es una, por ello no nos está menos permitido pensar que, de Pitágoras a Virgilio y de Virgilio a Dante, la

---

ya sea por la *construcción*, lo que concierne a los *gramáticos*; ya sea por el *orden del discurso*, lo que concierne a los *retóricos*; ya sea por el *número de sus partes*, lo que concierne a los *músicos*».

«cadena de la tradición» no fue sin duda rota sobre la tierra de Italia.

CAPÍTULO III

APROXIMACIONES MASÓNICAS Y HERMÉTICAS

D e las consideraciones generales que acabamos de exponer, nos es menester ahora volver a esas singulares aproximaciones que ha señalado Aroux, y las cuales hacíamos alusión más atrás[10]: «El *Infierno* representa el *mundo profano*, el *Purgatorio* comprende las *pruebas iniciáticas*, y el *Cielo* es la morada de los *Perfectos*, en quienes se encuentran reunidos y llevados a su zenit la

---

[10] Citamos el resumen de los trabajos de Aroux que ha sido dado por Sédir, *Histoire des Rose-Croix*, pp. 16-20; 2ª edición, pp. 13-17. Los títulos de las obras de Aroux son: *Dante hérétique, révolutionnaire et socialiste* (publicada en 1854 y reeditada en 1939), y *la Comédie de Dante, traduite en vers selon la lettre et commentée selon l'esprit, suivie de la Clef du langage symbolique des Fidèles d'Amour* (1856-1857).

inteligencia y el amor... La ronda celeste que describe Dante[11] comienza en los *alti Serafini*, que son los *Principi celesti*, y acaba en los últimos rangos del Cielo. Ahora bien, se encuentra que algunos dignatarios inferiores de la Masonería escocesa, que pretenden remontarse a los Templarios, y de los que Zerbino, el príncipe escocés, el amante de Isabel de Galicia, es la personificación en *Orlando Furioso* del Ariosto, se titulan igualmente príncipes, *Príncipes de Gracia*; que su asamblea o capítulo se nombra el *Tercer Cielo*; que tienen por símbolo un *Paladium*, o estatua de la *Verdad*, revestida como Beatriz de los tres colores *verde, blanco y rojo*[12]; que su Venerable (cuyo título es *Príncipe excelentísimo*), que lleva una flecha en la mano y sobre el pecho un corazón en un triángulo[13], es

---

[11] *Paradiso*, VIII.

[12] Es al menos curioso que estos tres mismos colores hayan devenido precisamente, en los tiempos modernos, los colores nacionales de Italia; por lo demás, se les atribuye bastante generalmente un origen masónico, aunque sea muy difícil saber de dónde ha podido ser sacada la idea directamente.

[13] A estos signos distintivos, es menester agregar «una corona de puntas de flechas de oro».

una personificación del *Amor*; que el número misterioso *nueve*, del que "Beatriz es particularmente amada", Beatriz "a quien es menester llamar Amor", dice Dante en la *Vita Nuova*, es también atribuido a este Venerable, rodeado de nueve columnas, de nueve candelabros con nueve brazos y con nueve luces, en fin de la edad de ochenta y un años, múltiplo (o más exactamente cuadrado) de nueve, cuando se supone que Beatriz muere en el año ochenta y uno del siglo»[14].

Este grado de Príncipe de Gracia, o Escocés Trinitario, es el grado 26 del Rito Escocés; he aquí lo que dice de él el F.: Bouilly, en su Explicación de los doce escudetes que representan los emblemas y los símbolos de los doce grados filosóficos del Rito Escocés Antiguo y Aceptado (del grado 19 al 30): «Este grado es, según nosotros, el más inextricable de todos los que componen esta docta categoría: también toma el sobrenombre de Escocés Trinitario[15]. En efecto,

---

[14] Cf Light *on Masonry*, p. 250, y el *Manuel maçonnique* del F.: Vuilliaume, pp. 179-182.

[15] Debemos confesar que no vemos la relación que puede existir entre la complejidad de este grado y su

todo ofrece en esta alegoría el emblema de la Trinidad: este fondo a tres colores [verde, blanco y rojo], abajo esta figura de la Verdad, en fin, por todas partes este indicio de la Gran Obra de la Naturaleza [a las fases de la cual hacen alusión los tres colores], de los elementos constitutivos de los metales [azufre, mercurio y sal][16], de su fusión, de su separación [solve y coagula], en una palabra de la ciencia de la química mineral [o más bien de la alquimia], de la que Hermes fue el fundador entre los Egipcios, y que dio tanta potestad y extensión a la medicina [espagírica][17]. Hasta tal punto es verdad que las ciencias constitutivas de la felicidad y de la libertad se suceden y se clasifican con este orden admirable que prueba que el Creador ha proporcionado a los hombres todo lo que puede calmar sus males y prolongar su paso sobre la tierra[18]. Es principalmente en el número

---

denominación.

[16] Este ternario alquímico se asimila frecuentemente al ternario de los elementos constitutivos del ser humano mismo: espíritu, alma y cuerpo.

[17] Las palabras entre corchetes han sido añadidas por nos para hacer el texto más comprensible.

[18] Se puede ver en estas últimas palabras una alusión discreta al «elixir de la larga vida» de los alquimistas. —

tres, tan bien representado por los tres ángulos del Delta, del que los Cristianos han hecho el símbolo brillante de la Divinidad; es, digo, en este número tres, que se remonta a los tiempos más lejanos[19], donde el sabio observador descubre la fuente primitiva de todo lo que sacude al pensamiento, enriquece la imaginación, y da una justa idea de la igualdad social... Así pues, no cesemos, dignos Caballeros, de permanecer Escoceses Trinitarios, de mantener y de honrar el número tres como el emblema de todo lo que constituye los deberes del hombre, y recuerda a la vez la querida Trinidad de nuestra Orden, grabada sobre las columnas de nuestros Templos: la Fe, la Esperanza y la Caridad»[20]

El grado precedente (grado 25), el de *Caballero de la Serpiente de Bronce*, era presentado como «encerrando una parte del primer grado de los *Misterios egipcios*, de donde brota el origen de la *medicina* y el *gran arte* de componer los medicamentos».

[19] El autor quiere decir sin duda: «cuyo empleo simbólico se remonta a los tiempos más remotos», ya que no podemos suponer que haya pretendido asignar un origen cronológico al número *tres* mismo.

[20] Los tres colores del grado a veces se consideran como simbolizando respectivamente las tres virtudes

Lo que es menester sobre todo retener de este pasaje, es que el grado de que se trata, como casi todos los que se vinculan a la misma serie, presenta una significación claramente hermética[21]; y lo que conviene observar más particularmente a este respecto, es la conexión del hermetismo con las Órdenes de caballería. Éste no es el lugar de buscar el origen histórico de los altos grados del Escocismo, ni de discutir la teoría tan controvertida de su descendencia templaria; pero, ya sea que haya habido una filiación real y

---

teologales: el blanco representa entonces la Fe, el verde la Esperanza, y el rojo la Caridad (o el Amor). — Las insignias de este grado de *Príncipe de Gracia* son: un mandil rojo, en medio del cual hay pintado o bordado un triángulo blanco y verde, y un cordón con los tres colores de la Orden, colocado en aspa, del que hay suspendido como joya un triángulo equilátero (o Delta) de oro (*Manuel maçonnique* de F.: Vuilliaume, p. 181).

[21] Un alto Masón que parece más versado en esa ciencia enteramente moderna y profana que se llama «historia de las religiones» que en el verdadero conocimiento iniciático, el conde de Goblet d´Alviella, ha creído poder dar de este grado puramente hermético y cristiano una interpretación búdica, bajo el pretexto de que hay una cierta semejanza entre el título de *Príncipe de Gracia* y el de *Señor de Compasión*.

directa o solo una reconstitución, por ello no es menos cierto que la mayoría de estos grados, y también algunos de los que se encuentran en otros ritos, aparecen como los vestigios de organizaciones que tenían antiguamente una existencia independiente[22], y concretamente de esas antiguas Órdenes de caballería cuya fundación está ligada a la historia de las Cruzadas, es decir, a una época donde no hubo solo relaciones hostiles, como lo creen aquellos que se atienen a las apariencias, sino también activos intercambios intelectuales entre Oriente y Occidente, intercambios que se operaron sobre todo por la mediación de las Órdenes en cuestión.

¿Es menester admitir que es en Oriente donde estas Órdenes tomaron los datos herméticos que asimilaron, o no se debe pensar más bien que poseyeron desde su origen un esoterismo de este género, y que es su propia iniciación la que las hizo aptas para entrar en relaciones sobre este terreno con los orientales? Esa es todavía una

---

[22] Es así como hubo efectivamente una *Orden de los Trinitarios* u *Orden de Gracia*, que tenía como meta, al menos exteriormente, el rescate de los prisioneros de guerra.

cuestión que no pretendemos resolver, pero la segunda hipótesis, aunque menos frecuentemente considerada que la primera[23], no tiene nada de inverosímil para quien reconoce la existencia, durante toda la edad media, de una tradición iniciática propiamente occidental; y lo que llevaría también a admitirlo, es que Órdenes fundadas más tarde, y que no tuvieron nunca relaciones con Oriente, estuvieron provistas igualmente de un simbolismo hermético, como la Orden del *Toisón de Oro*, cuyo nombre mismo es una alusión tan clara como es posible a este simbolismo. Sea como sea, en la época de Dante, el hermetismo existía ciertamente en la Orden del Temple, lo mismo que el conocimiento de algunas doctrinas de origen más ciertamente árabe, doctrinas que Dante mismo parece no haber ignorado tampoco, y que le fueron transmitidas sin duda también por esta vía; nos explicaremos más adelante sobre este último

---

[23] Algunos han llegado hasta atribuir al blasón, cuyas relaciones con el simbolismo hermético son bastante estrechas, un origen exclusivamente persa, mientras que, en realidad, el blasón existía desde la antigüedad en un gran número de pueblos, tanto occidentales como orientales, y concretamente entre los pueblos célticos.

punto.

No obstante, volvamos a las concordancias masónicas mencionadas por el comentador, y de las cuales no hemos visto todavía más que una parte, ya que hay varios grados del Escocismo para los cuales Aroux cree observar una perfecta analogía con los nueve cielos que Dante recorre con Beatriz. He aquí las correspondencias indicadas para los siete cielos planetarios: a la Luna corresponden los *profanos*; a Mercurio, el *Caballero del Sol* (grado 28); a Venus, el *Príncipe de Gracia* (grado 26, verde, blanco y rojo); al Sol, el *Gran Arquitecto* (grado 12) o el *Noachita* (grado 21); a Marte, el *Gran Escocés de San Andrés* o *Patriarca de las Cruzadas* (grado 29, rojo con cruz blanca); a Júpiter, el *Caballero del Aguila blanca y negra* o *Kadosch* (grado 30); a Saturno, la *Escala de oro* de los mismos *Kadosch*. A decir verdad, algunas de estas atribuciones nos parecen dudosas; lo que no es admisible, sobre todo, es hacer del primer cielo la morada de los profanos, mientras que el lugar de éstos no puede estar más que en las «tinieblas exteriores»; ¿y no hemos visto precedentemente, en efecto, que es el Infierno el que representa el mundo profano, mientras que no se llega a los diversos cielos, comprendido en ellos el de la Luna, sino después de haber atravesado las pruebas iniciáticas del Purgatorio? Sabemos bien, no obstante, que la esfera de la Luna tiene una relación especial con los Limbos; pero ese es un aspecto diferente de su simbolismo, que es menester no confundir con aquel bajo el que es representada como el primer cielo. En efecto, la Luna es a la vez *Janua Coeli* y *Janua Inferni*, Diana y Hécate[24]; los antiguos lo sabían muy bien, y Dante no podía equivocarse tampoco, ni acordar a los profanos una morada celeste, aunque fuera la más inferior de todas.

Lo que es mucho menos discutible, es la identificación de las figuras simbólicas vistas por Dante: la cruz en el cielo de Marte, el águila en el de Júpiter, la escala en el de Saturno. Ciertamente,

---

[24] Estos dos aspectos corresponden también a las dos puertas solsticiales; habría mucho que decir sobre este simbolismo, que los antiguos Latinos habrían resumido en la figura de *Janus*. — Por otra parte, habría que hacer algunas distinciones entre los Infiernos, los Limbos, y las «tinieblas exteriores» de que se trata en el Evangelio; pero eso nos llevaría muy lejos, y no cambiaría nada de lo que decimos aquí, donde se trata solo de separar, de una manera general, el mundo profano de la jerarquía iniciática.

se puede aproximar esta cruz a la que, después de haber sido el signo distintivo de las Órdenes de caballería, sirve todavía de emblema a varios grados masónicos; y, si está colocada en la esfera de Marte, ¿no es por una alusión al carácter militar de esas Órdenes, su razón de ser aparente, y al papel que desempeñaron exteriormente en las expediciones guerreras de las Cruzadas?[25]. En cuanto a los otros dos símbolos, es imposible no reconocer en ellos los del *Kadosch Templario*; y, al mismo tiempo, el águila, que la antigüedad clásica atribuía ya a Júpiter como los hindúes la

---

[25] Se puede observar también que el cielo de Marte es representado como la morada de los «mártires de la religión»; sobre *Marte* y *Martirio*, hay incluso una suerte de juego de palabras del que se podrían encontrar en otras partes otros ejemplos: es así como la colina de Montmartre fue antaño el *Monte de Marte* antes de devenir el *Monte de los Mártires*. Haremos notar de pasada, a este propósito, otro hecho bastante extraño: los nombres de los tres mártires de Montmartre, *Dionisio*, *Rústico*, y *Eleuterio*, son tres nombres de *Baco*. Además, Saint Denis, considerado como el primer obispo de París, es identificado comúnmente a San Dionisio el Areopagita, y, en Atenas, el Areópago era también el *Monte de Marte*.

atribuyen a *Vishnu*[26], fue el emblema del antiguo Imperio romano (lo que nos recuerda la presencia de Trajano en el ojo de este águila), y ha permanecido el emblema del Sacro Imperio. El cielo de Júpiter es la morada de los «príncipes sabios y justos»: «*Diligite justitiam, qui judicatis terram*»[27], correspondencia que, como todas las que da Dante para los otros cielos, se explica enteramente por razones astrológicas; y el nombre hebreo del planeta Júpiter es *Tsedek*, que significa «justo». En cuanto a la escala de los *Kadosch*, ya hemos hablado de ella: puesto que la esfera de Saturno está situada inmediatamente por encima de la de Júpiter, se llega al pie de esta escala por la Justicia (*Tsedakah*), y a su cima por la Fe (*Emounah*). Este símbolo de la escala parece ser de origen caldeo y haber sido aportado a Occidente con los misterios de Mithra: tenía entonces siete escalones de los que cada uno estaba formado de un metal diferente, según la correspondencia de los metales con los planetas; por otra parte, se sabe que, en el simbolismo

---

[26] El simbolismo del águila en las diferentes tradiciones requeriría él solo todo un estudio especial.

[27] *Paradiso*, XVIII, 91-93.

bíblico, se encuentra igualmente la escala de Jacob, que, al unir la tierra a los cielos, presenta una significación idéntica[28].

«Según Dante, el octavo cielo del Paraíso, el cielo estrellado (o de las estrellas fijas) es el *cielo de los Rosa-Cruz*: en él los *Perfectos* están vestidos de blanco; exponen un simbolismo análogo al de los *Caballeros de Heredom*[29]; profesan la "doctrina evangélica", la misma de Lutero, opuesta a la doctrina católica romana». Ésta es la

---

[28] No carece de interés anotar todavía que San Pedro Damiano, con quien Dante conversa en el cielo de Saturno, figura en la lista (en gran parte legendaria) de los *Imperatores Rosae-Crucis* dada en el *Clypeum Veritatis* de Irenaeus Agnostus (1618).

[29] La *Orden de Heredom de Kilwining* es el *Gran Capítulo* de los altos grados vinculado a la *Grande Loge Royale d'Edimbourg*, y fundada, según la Tradición, por el rey Robert Bruce (Thory, *Acta Latomorum*, t. I, p. 317). El término inglés *Heredom* (o *Heirdom*) significa «herencia» (de los Templarios); no obstante, algunos hacen venir esta designación del hebreo *Harodim*, título dado a aquellos que dirigían a los obreros empleados en la construcción del Templo de Salomón (cf. nuestro artículo sobre este tema en los *Études traditionnelles*, nº de marzo de 1948).

interpretación de Aroux, que da testimonio de esa confusión, frecuente en él, entre los dos dominios del esoterismo y del exoterismo: el verdadero esoterismo debe estar más allá de las oposiciones que se afirman en los movimientos exteriores que agitan el mundo profano, y, si estos movimientos son a veces suscitados o dirigidos invisiblemente por poderosas organizaciones iniciáticas, se puede decir que éstas los dominan sin mezclarse en ellos, de manera que ejercen igualmente su influencia sobre cada uno de los partidos contrarios. Es verdad que los protestantes, y más particularmente los Luteranos, se sirven habitualmente de la palabra «evangélica» para designar su propia doctrina, y, por otra parte, se sabe que el sello de Lutero llevaba una cruz en el centro de una rosa; se sabe también que la organización rosacruciana que manifestó públicamente su existencia en 1604 (aquella con la que Descartes buscó vanamente ponerse en relación) se declaraba claramente «antipapista». Pero debemos decir que esa Rosa-Cruz de comienzos del siglo XVII era ya muy exterior, y estaba muy alejada de la verdadera Rosa-Cruz original, la cual no constituyo nunca una sociedad en el sentido propio de esta palabra; y, en cuanto a Lutero, no parece haber sido más que una suerte de agente subalterno, sin duda incluso bastante poco consciente del papel que tenía que jugar; por lo demás, estos diversos puntos nunca han sido completamente elucidados.

Sea como sea, las vestiduras blancas de los *Elegidos* o de los *Perfectos*, al recordar evidentemente algunos textos apocalípticos[30], nos parecen ser sobre todo una alusión al hábito de los Templarios; y, a este respecto, hay un pasaje particularmente significativo[31]:

Qual è colui che tace e dicer vuole,
Mi trasse Beatrice, e disse: mira
Quanto è il convento delle bianche stole!

Por lo demás, esta interpretación permite dar un sentido muy preciso a la expresión de «milicia santa» que encontramos un poco más adelante, en versos que parecen expresar discretamente la transformación del Templarismo, después de su

---

[30] *Apocalípsis*, VII, 13-14.

[31] *Paradiso* XXX, 127-129. — Se observará, a propósito de este pasaje, que la palabra «convento» ha permanecido en uso en la Masonería para designar sus grandes asambleas.

aparente destrucción, para dar nacimiento al Rosacrucianismo[32]:

In forma dunque di candida rosa
Mi si mostrava la milizia santa,
Che nel suo sangue Cristo fece sposa.

Por otra parte, para hacer comprender mejor cuál es el simbolismo de que se trata en esta última cita que hemos hecho según Aroux, he aquí la descripción de la *Jerusalem celeste*, tal como está figurada en el *Capítulo de los Soberanos Príncipes Rosa-Cruz*, de la *Orden de Heredom de Kilwinning* u *Orden Real de Escocia*, llamados también *Caballeros del Aguila y del Pelícano*: «En el fondo (de la última estancia) hay un cuadro donde se ve una montaña de donde brota un río, a la orilla del cual crece un árbol que lleva doce tipos de frutos. Sobre la cima de la montaña hay una peana compuesta de doce piedras preciosas en doce pasamentos. Encima de esta peana hay un cuadrado de oro, sobre cada una de cuyas caras hay tres ángeles con los nombres de cada una de las doce tribus de Israel. En este cuadrado

---

[32] Paradiso, XXXI, 1-3. — El último verso puede referirse al simbolismo de la cruz roja de los Templarios.

hay una cruz, sobre el centro de la cual está tumbado un cordero»[33]. Así pues, es el simbolismo apocalíptico el que rencontramos aquí, y lo que sigue mostrará hasta qué punto las concepciones cíclicas a las que se refiere están íntimamente ligadas al plan de la obra de Dante.

«En los cantos XXIV y XXV del *Paraíso*, se encuentra el triple beso del *Príncipe Rosa-Cruz*, el pelícano, las túnicas blancas, las mismas que las de los ancianos del *Apocalípsis*, las barras de cera de sellar, las tres virtudes teologales de los Capítulos masónicos (Fe, Esperanza y Caridad)[34]; ya que la flor simbólica de los Rosa-Cruz (la *Rosa cándida* de los cantos XXX y XXXI) ha sido adoptada por la Iglesia Católica como la figura de

---

[33] *Manuel maçonnique* del F.: Vuilliaume, pp. 143-144. — Cf. *Apocalípsis*, XXI.

[34] En los Capítulos de Rosa-Cruz (grado 18 escocés), los nombres de las tres virtudes teologales son asociados respectivamente a los tres términos de la divisa «Libertad, Igualdad, Fraternidad»; también se podrían aproximar a lo que se llama «los tres principales pilares del Templo» en los grados simbólicos: «Sabiduría, Fuerza, Belleza». — A estas tres mismas virtudes, Dante hace corresponder San Pedro, Santiago y San Juan, los tres Apóstoles que asistieron a la Transfiguración.

la Madre del Salvador (*Rosa mística* de las letanías), y por la iglesia de Toulouse (los Albigenses) como el tipo misterioso de la asamblea general de los *Fieles de Amor*. Estas metáforas ya eran empleadas por los *Paulicianos*, predecesores de los *Cátaros* en los siglos X y XI».

Hemos creído útil reproducir todas estas aproximaciones, que son interesantes, y que sin duda se podrían multiplicar todavía sin gran dificultad; pero, no obstante, salvo probablemente en el caso del Templarismo y del Rosicrucianismo original, sería menester no pretender sacar de ellas conclusiones demasiado rigurosas en lo que concierne a una filiación directa de las diferentes formas iniciáticas entre las cuales se constata así una cierta comunidad de símbolos. En efecto, no solo el fondo de las doctrinas es siempre y por todas partes el mismo, sino que, lo que puede parecer más sorprendente a primera vista, también los modos de expresión mismos presentan frecuentemente una similitud destacable, y eso para tradiciones que están muy alejadas en el tiempo o en el espacio como para que se pueda admitir una influencia inmediata de las unas sobre las otras; en parecido caso, sin duda sería menester, para descubrir un vinculamiento efectivo, remontarse mucho más lejos de lo que la historia nos permite hacerlo.

Por otro lado, comentadores tales como Rossetti y Aroux, al estudiar el simbolismo de la obra de Dante como lo han hecho, se han atenido en ello a un aspecto que podemos calificar de exterior; queremos decir que se han detenido en lo que llamaríamos de buena gana su lado ritualista, es decir, en formas que, para aquellos que no son capaces de ir más lejos, ocultan el sentido profundo mucho más de lo que lo expresan. Y, como se ha dicho muy justamente, «es natural que ello sea así, porque, para poder percibir y comprender las alusiones y las referencias convencionales o alegóricas, es menester conocer el objeto de la alusión o de la alegoría; y, en el caso presente, es menester conocer las experiencias místicas por las que la verdadera iniciación hace pasar al misto y al epopte. Para quien tiene alguna experiencia de este género, no hay ninguna duda sobre la existencia, en la *Divina Comedia* y en la *Eneida*, de una alegoría metafísico-esotérica, que vela y expone al mismo tiempo las fases sucesivas por las que pasa la consciencia del iniciado para alcanzar la inmortalidad»[35]

---

[35] Arturo Reghini, *artículo citado*, pp. 545-546.

CAPÍTULO IV

DANTE Y EL ROSACRUCIANISMO

El mismo reproche de insuficiencia que hemos formulado al respecto de Rossetti y de Aroux puede ser dirigido también a Éliphas Lévi, que, aunque afirma una relación con los misterios antiguos, ha visto sobre todo una aplicación política, o político-religiosa, que no tiene a nuestros ojos más que una importancia secundaria, y que ha cometido siempre el error de suponer que las organizaciones propiamente iniciáticas se han comprometido directamente en las luchas exteriores. He aquí, en efecto, lo que dice este autor en su *Histoire de la Magie*: «Se han multiplicado los comentarios y los estudios sobre la obra de Dante, y nadie, que sepamos, ha señalado su verdadero carácter. La obra del gran Gibelino es una declaración de guerra al Papado por la revelación atrevida de los misterios. La epopeya de Dante es johanita[36] y gnóstica; es una aplicación atrevida de las figuras y de los números de la Kabbala a los dogmas cristianos, y una negación secreta de todo lo que hay de absoluto en estos dogmas. Su viaje a través de los mundos sobrenaturales se cumple como la iniciación a los misterios de Eleusis y de Tebas. Es Virgilio quien le conduce y le protege en los círculos del nuevo Tártaro, como si Virgilio, el tierno y melancólico profeta de los destinos del hijo Polión, fuera a los ojos del poeta florentino el padre ilegítimo, pero verdadero, de la epopeya cristiana. Gracias al genio pagano de Virgilio, Dante escapa de ese abismo sobre cuya puerta había leído una sentencia de desesperanza; y escapa de allí *poniendo su cabeza en el lugar de sus pies y sus pies en el lugar de su cabeza*, es decir, tomando el contrapié del dogma, y entonces remonta a la luz sirviéndose para ello del demonio mismo como de una escala monstruosa; escapa a lo espantoso

---

[36] San Juan es considerado frecuentemente como el jefe de la Iglesia *interior*, y, según ciertas concepciones de las que encontramos aquí un indicio, se quiere a este título oponerle a San Pedro, jefe de la Iglesia *exterior*; la verdad es más bien que su autoridad no se aplica al mismo dominio.

a fuerza de espanto, a lo horrible a fuerza de horror. El Infierno, parece, no es un atolladero más que para aquellos que no saben volverse; Dante toma al diablo a contrapelo, si me es permisible emplear aquí esta expresión familiar, y se emancipa por su audacia. Es ya el protestantismo rebasado, y el poeta de los enemigos de Roma ya ha descubierto a Fausto al subir al Cielo sobre la cabeza de Mefístoles vencido[37]».

En realidad, la voluntad de «revelar misterios», suponiendo que la cosa sea posible (y no lo es, porque el verdadero misterio no es más que inexpresable), y la decisión de «tomar el contrapié del dogma», o de invertir conscientemente el sentido y el valor de los símbolos, no serían las marcas de una iniciación muy alta. Afortunadamente, no vemos por nuestra parte,

---

[37] Este pasaje de Éliphas Lévi, como muchos otros (sacados sobre todo del *Dogme et Rituel de la Haute Magie*), ha sido reproducido textualmente, sin indicación de proveniencia, por Albert Pike en sus *Morals and Dogma of Freemasonry*, p. 822; por lo demás, el título mismo de esta obra está visiblemente imitado del de Éliphas Lévi.

nada de tal en Dante, cuyo esoterismo se envuelve más bien al contrario en un velo bastante difícilmente penetrable, al mismo tiempo que se apoya sobre bases estrictamente tradicionales; hacer de él un precursor del protestantismo, y quizás también de la Revolución, simplemente porque fue un adversario del Papado sobre el terreno *político*, es desconocer enteramente su pensamiento y no comprender nada del espíritu de su época.

Hay todavía otra cosa que nos parece difícilmente sostenible: es la opinión que consiste en ver en Dante un «kabbalista» en el sentido propio de esta palabra; y aquí somos tanto más llevados a desconfiar cuanto que sabemos muy bien cuántos de nuestros contemporáneos se ilusionan fácilmente sobre este tema, creyendo encontrar Kabbala por todas partes donde hay una forma cualquiera de esoterismo. ¿No hemos visto a un escritor masónico afirmar gravemente que *Kabbala* y *Caballería* son una sola y misma cosa, y, a pesar de las más elementales nociones lingüísticas, que las dos palabras mismas tienen un origen común?[38]. En presencia de tales inverosimilitudes, se comprenderá la necesidad de mostrarse circunspecto, y de no contentarse con vagas aproximaciones para hacer de tal o de cual personaje un kabbalista; ahora bien, la Kabbala es esencialmente la tradición hebraica[39], y no tenemos ninguna prueba de que una influencia judía se haya ejercido directamente sobre Dante[40]. Lo que ha dado nacimiento a una tal opinión, es únicamente el empleo que hace de la ciencia de los números; pero si esta ciencia existe efectivamente en la Kabbala hebraica y

---

[38] Ch.-M Limousin. La Kabbale littérale occidentale.

[39] La palabra «Kabbala» misma significa «tradición» en hebreo, y, si no se escribe en esa lengua, no hay ninguna razón en emplearla para designar toda tradición indistintamente.

[40] Es menester decir que, según testimonios contemporáneos, Dante mantuvo relaciones sostenidas con un judío muy instruido, y poeta también, Immanuel ben Salomon ben Jekuthiel (1270-1330); pero por ello no es menos verdad que no vemos ninguna huella de elementos específicamente judaicos en la Divina Comedia, mientras que Immanuel se inspiró en ésta para una de sus obras, a pesar de la opinión contraria de Israel Zangwill, que la comparación de las fechas hace enteramente insostenible.

tiene en ella un lugar de los más importantes, también se encuentra en otras partes; ¿se llegará pues a pretender igualmente, bajo el mismo pretexto, que Pitágoras era también un kabbalista?[41]. Como ya lo hemos dicho, es más bien al Pitagorismo que a la Kabbala al que, bajo esta relación, se podría vincular Dante, que, muy probablemente, conoció sobre todo del Judaísmo lo que el Cristianismo ha conservado de él en su propia doctrina.

«Observaremos también, continúa Éliphas Lévi, que el Infierno de Dante no es más que un *Purgatorio negativo*. Nos explicamos: su Purgatorio parece haberse formado en su Infierno como en un molde, es la cubierta y como el tapón del abismo, y se comprende que el Titán florentino, al escalar el Paraíso, quisiera arrojar de un puntapié el Purgatorio al Infierno». Esto es verdad en un sentido, puesto que el monte del Purgatorio se formó, en el hemisferio austral, con los materiales rechazados del seno de la tierra cuando la caída de Lucifer cavó el abismo; pero no obstante el Infierno tiene nueve círculos, que

---

[41] Esta opinión ha sido efectivamente emitida por Reuchlin.

son como un reflejo inverso de los nueve cielos, mientras que el Purgatorio no tiene más que siete divisiones; la simetría no es pues exacta bajo todos los aspectos.

«Su cielo se compone de una serie de círculos kabbalísticos divididos por una cruz como el pantáculo de Ezequiel; en el centro de esa *cruz* florece una *rosa*, y vemos aparecer por primera vez, expuesto públicamente y casi categóricamente explicado, el símbolo de los Rosa-Cruz». Por lo demás, hacia la misma época, este mismo símbolo había de aparentar también, aunque quizás de una manera un poco menos clara, en otra obra poética célebre: el *Roman de la Rose*. Éliphas Lévi piensa que «el *Roman de la Rose* y *la Divina Comedia* son las dos formas opuestas (sería más justo decir complementarias) de una misma obra: la iniciación a la independencia del espíritu, la sátira de todas las instituciones contemporáneas y la fórmula alegórica de los grandes secretos de la Sociedad de los Rosa-Cruz», la cual, a decir verdad, no llevaba todavía este nombre, y además, lo repetimos, no fue nunca (salvo en algunas ramas tardías y más o menos desviadas) una «sociedad» constituida con todas las formas exteriores que implica esta palabra. Por otra parte, la «independencia del espíritu» o, para decirlo mejor, la independencia intelectual no era, en la edad media, una cosa tan excepcional como los modernos imaginan de ordinario, y los monjes mismos no se privaban de una crítica muy libre, cuyas manifestaciones se pueden encontrar hasta en las esculturas de las catedrales; todo eso no tiene nada de propiamente esotérico, y hay, en las obras de que se trata, algo mucho más profundo.

«Estas importantes manifestaciones del ocultismo, dice también Éliphas Lévi, coinciden con la época de la caída de los Templarios, puesto que Jean de Meung o Clopinel, contemporáneo de la ancianidad de Dante, florecía durante sus más bellos años en la corte de Felipe el Hermoso. Es un libro profundo bajo una forma ligera[42], es una revelación tan sabia como la de Apuleyo de los misterios del ocultismo. La rosa de Flamel, la de Jean de Meung y la de Dante han nacido sobre el mismo rosal»[43].

---

[42] Se puede decir lo mismo, en el siglo XVI, de las obras de Rabelais, que encierran también una significación esotérica que podría ser interesante estudiar de cerca.

[43] Éliphas Lévi, *Histoire de la Magie*, 1860, pp. 359-360.

Sobre estas últimas líneas, no haremos más que una reserva: es que la palabra «ocultismo», que ha sido inventada por Éliphas Lévi mismo, conviene muy poco para designar lo que existió anteriormente a él, sobre todo si se piensa en lo que ha devenido el ocultismo contemporáneo, que, aunque se da por una restauración del esoterismo, no ha llegado a ser más que una grosera contrahechura del mismo, porque sus dirigentes no estuvieron nunca en posesión de los verdaderos principios ni de ninguna iniciación seria. Éliphas Lévi sería sin duda el primero en desaprobar a sus pretendidos sucesores, a los que era ciertamente muy superior intelectualmente, aunque estaba muy lejos de ser realmente tan profundo como quiere parecer, al haber cometido el error de considerar todas las cosas a través de la mentalidad de un revolucionario de 1848. Si nos hemos entretenido un poco en discutir su opinión, es porque sabemos bien que su

---

— Importa precisar también a este propósito que existe una suerte de adaptación italiana del *Roman de la Rose*, titulada *Il Fiore*, cuyo autor, «Ser Durante Fiorentino», parece no ser otro que Dante mismo; el verdadero nombre de éste era en efecto Durante, del que Dante no es más que una forma abreviada.

influencia ha sido grande, incluso sobre aquellos que apenas si le han comprendido, y porque pensamos que es bueno fijar los límites en los cuales su competencia puede ser reconocida: su principal defecto, que es el de su tiempo, es poner las preocupaciones sociales en el primer plano y mezclarlas con todo indistintamente; en la época de Dante, ciertamente se sabía situar mejor cada cosa en el lugar que debe convenirle normalmente en la jerarquía universal.

Lo que ofrece un interés muy particular para la historia de las doctrinas esotéricas, es la constatación de que varias manifestaciones importantes de estas doctrinas coinciden, en pocos años, con la destrucción de la Orden del Temple; hay una relación incontestable, aunque bastante difícil de determinar con precisión, entre estos diversos acontecimientos. Por consiguiente, en los primeros años del siglo XIV, y sin duda ya en el curso del siglo precedente, había, tanto en Francia como en Italia, una tradición secreta («oculta» si se quiere, pero no «ocultista»), la misma que debía llevar más tarde el nombre de tradición rosacruciana. La denominación de *Fraternitas Rosæ-Crucis* aparece por primera vez en 1374, o incluso, según algunos (concretamente

Michel Maier), en 1413; y la leyenda de *Christian Rosenkreuz*, el fundador supuesto cuyo nombre y cuya vida son puramente simbólicos, quizás no fue enteramente constituida más que en el siglo XVI; pero, acabamos de ver que el símbolo de la Rosa-Cruz es ciertamente muy anterior.

Aquella doctrina esotérica, cualquiera que sea la designación particular que se le quiera dar hasta la aparición del Rosacrucianismo propiamente dicho (si es que se encuentra necesario darle una), presentaba caracteres que permiten hacerla entrar en lo que se llama bastante generalmente el hermetismo. La historia de esta tradición hermética está íntimamente ligada a la de las Órdenes de caballería; y, en la época de que nos ocupamos, era conservada por organizaciones iniciáticas como la de la *Fede Santa* y de los *Fieles de Amor*, y también por aquella *Massenie del Santo Graal* de la que el historiador Henri Martin habla en estos términos[44], precisamente a propósito de las novelas de caballería, que son también una de las grandes manifestaciones literarias del esoterismo

---

[44] *Histoire de France*, t. III, pp. 398-399.

en la edad media: «En el *Titurel*, la leyenda del *Grial* alcanza su última y espléndida transfiguración, bajo la influencia de ideas que Wolfram[45] parecía haber embebido en Francia, y particularmente en los Templarios del mediodía de Francia. Ya no es pues en isla de Bretaña, sino en Galia, cerca de los confines de España, donde el *Grial* está conservado. Un héroe llamado Titurel funda un templo para depositar en él el santo *Vaso*, y es el profeta Merlín quien dirige esa construcción misteriosa, iniciado como ha sido por José de Arimatea en persona en el plano del Templo por excelencia, es decir, del Templo de Salomón[46]. La *Caballería del Grial* deviene aquí la *Massenie*, es decir, una Franc-Masonería ascética, cuyos miembros se llaman los *Templistas*, y se puede entender aquí la intención de religar a un

---

[45] El Templario suabo Wolfram d'Eschenbach, autor de *Perceval*, e imitador del benedictino satírico Guyot de Provins, que él mismo designa bajo el nombre singularmente deformado de «Kyot de Provence».

[46] Henri Martin agrega aquí en nota: «Perceval acabó por transferir el *Grial* y reedificar el templo en la India, y es el *Prestejuan*, ese jefe fantástico de una cristiandad oriental imaginaria, que heredó la guardia del Santo Vaso».

centro común, figurado por este Templo ideal, la *Orden de los Templarios* y las numerosas confraternidades de *constructores* que renovaron entonces la arquitectura de la edad media. Se entrevén en eso muchas aberturas sobre lo que se podría llamar la historia subterránea de aquellos tiempos, mucho más complejos de lo que se cree generalmente... Lo que es muy curioso y de lo que apenas si se puede dudar, es de que la Franc-Masonería moderna se remonta de escalón en escalón hasta la *Massenie du Saint Graal*»[47].

Sería quizás imprudente adoptar de una manera demasiado exclusiva la opinión expresada en la última frase, porque los vínculos de la Masonería moderna con las organizaciones anteriores son, ellos también, extremadamente

---

[47] Tocamos aquí un punto muy importante, pero que no podríamos tratar sin salirnos mucho de nuestro tema: hay una relación muy estrecha entre el simbolismo mismo del *Grial* y el «centro común» al que Henri Martin hace alusión, aunque sin que parezca suponer su realidad profunda, como tampoco comprende evidentemente lo que simboliza, en el mismo orden de ideas, la designación del *Prestejuan* y de su reino misterioso.

complejos; pero por ello no será menos bueno tenerla en cuenta, ya que en eso se puede ver al menos la indicación de uno de los orígenes reales de la Masonería. Todo eso puede ayudar a entender en una cierta medida los medios de transmisión de las doctrinas esotéricas a través de la edad media, así como la oscura filiación de las organizaciones iniciáticas en el curso de ese mismo periodo, durante el que fueron verdaderamente secretas en la más completa acepción de esta palabra.

CAPÍTULO V

VIAJES EXTRATERRESTRES EN DIFERENTES TRADICIONES

U na cuestión que parece haber preocupado mucho a la mayoría de los comentadores de Dante es la de las fuentes a las que conviene vincular su concepción del descenso a los Infiernos, y es también uno de los puntos sobre los que aparece con mayor nitidez la incompetencia de aquellos que no han estudiado estas cuestiones más que de una manera completamente «profana». En efecto, en eso hay algo que no puede comprenderse más que por un cierto conocimiento de las fases de la iniciación real, y es lo que vamos a intentar explicar ahora.

Sin duda, si Dante toma a Virgilio como guía en las dos primeras etapas de su viaje, la causa principal de ello, como todo el mundo está de acuerdo en reconocerlo, es el recuerdo del canto

VI de la *Enéida*; pero es menester agregar que ello es porque, en Virgilio, no hay sólo una simple ficción poética, sino la prueba de un saber iniciático incontestable. No carece de fundamento el hecho de que la práctica de las *suertes virgilianœ* estuviera tan extendida en la edad media; y, si se ha querido hacer de Virgilio un mago, eso no es más que una deformación popular y exotérica de una verdad profunda, que sentían probablemente, mejor de lo que sabían expresarlo, aquellos que aproximaban su obra a los Libros sagrados, aunque no fuera más que para un uso adivinatorio de un interés muy relativo.

Por otra parte, no es difícil constatar que Virgilio mismo, en cuanto a lo que nos ocupa, ha tenido predecesores en los Griegos, y recordar a este propósito el viaje de Ulises al país de los Cimmerios, así como el descenso de Orfeo a los Infiernos; ¿pero la concordancia que se observa en todo esto no prueba nada más que una serie de apropiaciones o de imitaciones sucesivas? La verdad es que lo que se trata tiene la relación más estrecha con los misterios de la antigüedad, y que estos diversos relatos poéticos o legendarios no son más que traducciones de una misma realidad:

la rama de oro que Eneas, conducido por la Sibila, va a coger primero al bosque (esa misma «selva selvaggia» donde Dante sitúa también el comienzo de su poema), es la rama que llevaban los iniciados de Éleusis, y que recuerda también la acacia de la Masonería moderna, «prenda de resurrección y de inmortalidad». Pero hay más, y el Cristianismo mismo nos presenta también un simbolismo parecido: en la liturgia católica, es por la fiesta de los Ramos[48] como se abre la semana santa, que verá la muerte de Cristo y su descenso a los Infiernos, después su resurrección, que pronto será seguida de su ascensión gloriosa; y es precisamente el lunes santo cuando comienza el relato de Dante, como para indicar que ha sido al ir a la búsqueda de la rama misteriosa cuando se ha extraviado en el bosque obscuro donde va a

---

[48] El nombre latino de esta fiesta es *Dominica in Palmis*; la palma y la rama no son evidentemente más que una sola y misma cosa, y la palma tomada como emblema de los mártires tiene igualmente la significación que indicamos aquí. — Recordaremos también la denominación popular de «Pascua florida», que expresa de una manera muy clara, aunque inconsciente en aquellos que la emplean hoy día, la relación del simbolismo de esta fiesta con la resurrección.

encontrar a Virgilio; y su viaje a través de los mundos durará hasta el domingo de Pascua, es decir, hasta el día de la resurrección.

Muerte y descenso a los Infiernos por un lado, resurrección y ascensión a los Cielos por el otro, son como dos fases inversas y complementarias, de las que la primera es la preparación necesaria de la segunda, fases que se encontrarían igualmente sin esfuerzo en la descripción de la «Gran Obra» hermética; y la misma cosa se afirma claramente en todas las doctrinas tradicionales. Es así como en el Islam encontramos el episodio del «viaje nocturno» de Mohammed, viaje que comprende igualmente el descenso a las regiones infernales (*isrâ*), y después el ascenso a los diversos paraísos o esferas celestes (*mirâj*); y algunos relatos de este «viaje nocturno» presentan con el poema de Dante similitudes particularmente sorprendentes, a tal punto que algunos han querido ver en él una de las fuentes principales de su inspiración. Don Miguel Asín Palacios ha mostrado las múltiples relaciones que existen, en cuanto al fondo e incluso en cuanto a la forma, entre *la Divina Comedia* (sin hablar de algunos pasajes de la *Vita Nuova* y del *Convito*), por una parte, y por otra, el *Kitâb el-isrâ* (Libro del Viaje nocturno) y los *Futûhât el-Mekkiyah* (Revelaciones de la Meca) de Mohyiddin ibn Arabi, obras unos ochenta años anteriores, y concluye que esas analogías son más numerosas ellas solas que todas las que los comentadores han llegado a establecer entre la obra de Dante y todas las demás literaturas de todos los países[49]. He aquí algunos ejemplos de ello: «en una adaptación de la leyenda musulmana, un lobo y un león cortan la ruta al peregrino, como la pantera, el león y la loba hacen retroceder a Dante... Virgilio es enviado a Dante y Gabriel a Mohammed por el Cielo; ambos, durante el viaje, satisfacen la curiosidad del peregrino. El Infierno es anunciado en las dos leyendas por signos idénticos: tumulto violento y confuso, ráfagas de fuego... La arquitectura del Infierno dantesco está calcada sobre la del Infierno musulmán: los dos son una gigantesca tolva formada por una serie de pisos, de grados o escalones circulares que descienden gradualmente hasta el fondo de la

---

[49] Miguel Asín Palacios. La Escatología musulmana en la Divina Comedia, Madrid, 1919. — Cf. también Blochet, les Sources orientales de «la Divine Comédie», París, 1901.

tierra; cada uno de ellos encierra una categoría de pecadores, cuya culpabilidad y cuya pena se agravan a medida que los mismos habitan un círculo más hundido. Cada piso se subdivide en otros diferentes, afectos a categorías variadas de pecadores; finalmente, estos dos Infiernos están situados debajo de la ciudad de Jerusalem... A fin de purificarse al salir del Infierno y de poder elevarse al Paraíso, Dante se somete a una triple ablución. Una misma triple ablución purifica las almas en la leyenda musulmana: antes de penetrar en el Cielo, son sumergidas sucesivamente en las aguas de los tres ríos que fertilizan el jardín de Abraham... La arquitectura de las esferas celestes a través de las cuales se cumple la ascensión es idéntica en las dos leyendas; en los nueve cielos están dispuestas, según sus méritos respectivos, las almas bienaventuradas que, finalmente, se juntan todas en el Empíreo o última esfera... Lo mismo que Beatriz se desvanece ante San Bernardo para guiar a Dante en las últimas etapas, de igual modo Gabriel abandona a Mohammed cerca del trono de Dios a donde será atraído por una guirnalda luminosa... La apoteosis final de las dos ascensiones es la misma: los dos viajeros, elevados hasta la presencia de Dios, nos describen a Dios como un foco de luz intensa, rodeado de nueve círculos concéntricos formados por las filas cerradas de innumerables espíritus angélicos que emiten rayos luminosos; una de las filas circulares más próximas del foco es la de los Querubines; cada círculo rodea al círculo inmediatamente inferior, y los nueve giran sin tregua alrededor del centro Divino... Los pisos infernales, los cielos astronómicos, los círculos de la rosa mística, los coros angélicos que rodean el foco de la Luz divina, los tres círculos que simbolizan la trinidad de personas, están tomados palabra a palabra por el poeta florentino a Mohyiddin ibn Arabi[50]».

Tales coincidencias, hasta en detalles extremadamente precisos, no pueden ser accidentales, y tenemos muchas razones para admitir que Dante se haya inspirado efectivamente, en una medida bastante importante, de los escritos de Mohyiddin; ¿pero cómo es que los ha conocido? Se considera como posible intermediario a Brunetto Latini, que

---

[50] A. Cabaton, «la Divine Comédie» et l'Islam, en la Revue de l'Histoire des Religions, 1920; este artículo contiene un resumen del trabajo de M. Asín Palacios.

había pasado una estancia en España; pero esta hipótesis nos parece poco satisfactoria. Mohyiddin había nacido en Murcia, de donde su sobrenombre de *El-Andalûsi*, pero no pasó toda su vida en España, y murió en Damasco; por otro lado, sus discípulos estaban extendidos en todo el mundo islámico; pero sobre todo en Siria y en Egipto, y finalmente es poco probable que sus obras hayan sido del dominio público, o incluso algunas de entre ellas no lo han sido jamás. En efecto, Mohyiddin fue algo muy diferente que el «poeta místico» que imagina M. Asín Palacios; lo que conviene decir aquí es que, en el esoterismo islámico, se le llama *Esh-Sehikh el-akbar*, es decir, el más grande de los Maestros espirituales, el Maestro por excelencia, que su doctrina es de esencia puramente metafísica, y que varias de las principales Órdenes iniciáticas del Islam, entre las que están las más elevadas y las más cerradas al mismo tiempo, proceden de él directamente. Ya hemos indicado que tales organizaciones estuvieron, en el siglo XIII, es decir, en la época misma de Mohyiddin, en relaciones con las Órdenes de caballería, y, para nos, es por eso por lo que se explica la transmisión constatada; si ello fuera de otro modo, y si Dante hubiera conocido a Mohyiddin por vías «profanas», ¿por qué no le habría nombrado nunca, de la misma manera que nombra a los filósofos exotéricos del Islam, Avicena y Averroes?[51]. Además, está reconocido que hubo influencias islámicas en los orígenes del Rosacrucianismo, y es a eso a lo que hacen alusión los supuestos viajes de Christian Rosenkreuz a Oriente; pero el origen real del Rosacrucianismo, ya lo hemos dicho, son precisamente las Órdenes de Caballería, y son ellas las que formaron, en la edad media, el verdadero lazo intelectual entre Oriente y Occidente.

Los críticos occidentales modernos, que no consideran el «viaje nocturno» de Mohammed más que como una leyenda más o menos poética, pretenden que esta leyenda no es específicamente islámica y árabe, sino que sería originaria de Persia, porque el relato de un viaje similar se encuentra en un libro mazdeísta, el *Ardâ Vîrâf Nâmeh*[52]. Algunos piensan que es menester

---

[51] *Inferno*, IV, 143-144.

[52] Blochet. *Études sur l'Histoire religieuse de l'Islam*, en la *Revue de l'Histoire des Religions*, 1899. — Existe una traducción francesa del *Livre d'Ardâ Vîrâf* por M. A.

remontar todavía más lejos, hasta la India, donde se encuentra en efecto, tanto en el Brâhmanismo como en el Buddhismo, una multitud de descripciones simbólicas de los diversos estados de existencia bajo la forma de un conjunto jerárquicamente organizado de Cielos y de Infiernos; y algunos llegan incluso hasta suponer que Dante ha podido sufrir directamente la influencia india[53]. En aquellos que no ven en todo eso más que «literatura», se comprende esta manera de considerar las cosas, aunque sea bastante difícil, incluso desde el simple punto de vista histórico, admitir que Dante haya podido conocer algo de la India de otro modo que por la mediación de los Árabes. Pero, para nos, estas

---

Barthélemy, publicada en 1887.

[53] Angelo de Gubernatis, Dante e l'India, en el Giornale della Soietà asiatica italiana, vol. III, 1889, pp. 3-19; Le Type indien de Lucifer chez Dante, en las Actes du X Congrès des Orientalistes. — M. Cabaton, en el artículo que hemos citado más atrás, señala que «Ozanam había ya entrevisto una doble influencia islámica e india sufrida por Dante» (Essai sur la philosophie de Dante, pp. 198 y ss.); pero debemos decir que la obra de Ozanam, a pesar de la reputación que goza, nos parece extremadamente superficial.

similitudes no muestran otra cosa que la unidad de la doctrina que está contenida en todas las tradiciones; no hay nada de sorprendente en que nos encontremos por todas partes la expresión de las mismas verdades, pero precisamente, para no sorprenderse de ello, primero es menester saber que son verdades, y no ficciones más o menos arbitrarias. Allí donde no hay más que semejanzas de orden general, no hay lugar a concluir de ello una comunicación directa; esta conclusión no está justificada más que si las mismas ideas son expresadas bajo una forma idéntica, lo que es el caso para Mohyiddin y Dante. Es cierto que lo que encontramos en Dante está en perfecto acuerdo con las teorías hindúes de los mundos y de los ciclos cósmicos, pero sin estar revestido no obstante de la forma que es propiamente hindú; y este acuerdo existe necesariamente en todos aquellos que tienen consciencia de las mismas verdades, cualquiera que sea la manera en que han adquirido su conocimiento.

CAPÍTULO VI

LOS TRES MUNDOS

L a distinción de los tres mundos, que constituye el plan general de *la Divina Comedia*, es común a todas las doctrinas tradicionales; pero toma formas diversas, y, en la India misma, hay dos que no coinciden, pero que no están en contradicción tampoco, y que corresponden solo a puntos de vista diferentes. Según una de estas divisiones, los tres mundos son los Infiernos, la Tierra y los Cielos; según la otra, donde los Infiernos ya no se consideran, son la Tierra, la Atmósfera (o región intermediaria) y el Cielo. En la primera, es menester admitir que la región intermediaria se considera como un simple prolongamiento del mundo terrestre; y es así como aparece en Dante el Purgatorio, que puede ser identificado a esta misma región. Por otra parte, teniendo en cuenta esta asimilación, la segunda división es rigurosamente equivalente a la distinción hecha por la doctrina Católica entre Iglesia militante, Iglesia purgante e Iglesia triunfante; ahí, tampoco se puede hablar del Infierno. En fin, para los Cielos y los Infiernos, frecuentemente se consideran subdivisiones en número variable; pero, en todos los casos, se trata siempre de una repartición jerárquica de los grados de la existencia, que son realmente en multiplicidad indefinida, y que pueden ser clasificados diferentemente según las correspondencias analógicas que se tomen como base de una representación simbólica.

Los Cielos son los estados superiores del ser; los Infiernos, como su nombre mismo lo indica por lo demás, son los estados inferiores; y, cuando decimos superiores e inferiores, eso debe entenderse en relación al estado humano o terrestre, que se toma naturalmente como término de comparación, porque es el que debe servirnos forzosamente de punto de partida. Puesto que la iniciación verdadera es una toma de posesión consciente de los estados superiores, es fácil comprender que sea descrita simbólicamente como una ascensión o un «viaje celeste»; pero uno podría preguntarse por qué esta ascensión debe ser precedida de un descenso a los Infiernos. Para eso hay varias razones, que no podríamos exponer completamente sin entrar en desarrollos muy largos, lo que nos llevaría muy lejos del tema especial de nuestro presente estudio; diremos solo esto: por una parte, este descenso es como una recapitulación de los estados que preceden lógicamente al estado humano, que han determinado sus condiciones particulares, y que deben participar también en la «transformación» que va a cumplirse; por otra, permite la manifestación, según ciertas modalidades, de las posibilidades de orden inferior que el ser lleva todavía en él en el estado no desarrollado, y que deben ser agotadas por él antes de que le sea posible llegar a la realización de los estados superiores. Por lo demás, es menester precisar bien que no puede tratarse para el ser de retornar efectivamente a estados por los que ya ha pasado; no puede explorar esos estados más que indirectamente, tomando consciencia de las huellas que han dejado en las regiones más obscuras del estado humano mismo; y por eso es por lo que los Infiernos son representados simbólicamente como situados en el interior de la Tierra. Por el contrario, los Cielos son muy realmente los estados superiores, y no solo su reflejo en el estado humano, cuyos prolongamientos más elevados no constituyen más que la región intermediaria o el Purgatorio, es decir, la montaña en la cima de la cual Dante coloca el Paraíso terrestre. La meta real de la iniciación, no es solo la restauración del «estado edénico», que no es más que una etapa sobre la ruta que debe conducir mucho más arriba, puesto que es más allá de esta etapa donde comienza verdaderamente el «viaje celeste»; esta meta, es la conquista *activa* de los estados «suprahumanos», ya que, como Dante lo repite según el Evangelio, «*Regnum cœlorum* violenzie pate...»[54], y esa es una de las diferencias esenciales que existen entre los iniciados y los místicos. Para expresar las cosas de otro modo, diremos que el estado humano debe ser llevado primero a la plenitud de su expansión, mediante la realización integral de sus posibilidades propias (y esta plenitud es lo que es menester entender aquí por el «estado edénico»); pero, lejos de ser el término, esto no será todavía más que la base sobre la que el ser se apoyará para «salire alle stelle»[55], es decir, para

---

[54] *Paradiso*, XX, 94.
[55] *Purgatorio*, XXXIII, 145. — Es notable que las tres

elevarse a los estados superiores, que figuran las esferas planetarias y estelares en el lenguaje de la astrología, y las jerarquías angélicas en el lenguaje de la teología. Así pues, hay que distinguir dos periodos en la ascensión, pero el primero, a decir verdad, no es una ascensión más que en relación a la humanidad ordinaria: la altura de una montaña, cualquiera que sea, es siempre nula en comparación de la distancia que separa la Tierra de los Cielos; en realidad, es pues más bien una extensión, puesto que es el completo

---

partes del poema se terminan todas por la misma palabra *stelle*, como para afirmar la importancia muy particular que tenía para Dante el simbolismo astrológico. Las últimas palabras del *Infierno*, «riveder le stelle», caracterizan el retorno al estado propiamente humano, desde donde es posible percibir como un reflejo de los estados superiores; las del *Purgatorio* son las mismas que explicamos aquí. En cuanto al verso final del *Paraíso*: «L'Amor che muove il Sole e l'altre stelle», designa, como término último del «viaje celeste», el centro divino que está más allá de todas las esferas, y que es, según la expresión de Aristóteles, el «motor inmóvil» de todas las cosas; el nombre de «Amor» que se le atribuye podría dar lugar a interesantes consideraciones, en relación con el simbolismo propio a la iniciación de las Órdenes de caballería.

florecimiento del estado humano. El despliegue de las posibilidades del ser total se efectúa así primero en el sentido de la «amplitud», y después en el de la «exaltación», para servirnos de términos tomados al esoterismo islámico; y agregaremos también que la distinción de estos dos periodos corresponde a la división antigua de los «misterios menores» y de los «misterios mayores».

Las tres fases a las cuales se refieren respectivamente las tres partes de *la Divina Comedia* pueden explicarse también por la teoría hindú de los tres *gunas*, que son las cualidades o más bien las tendencias fundamentales de las que procede todo ser manifestado; según que una u otra de estas tendencias predomine en ellos, los seres se reparten jerárquicamente en el conjunto de los tres mundos, es decir, de todos los grados de la existencia universal. Los tres *gunas* son: *sattwa*, la conformidad a la esencia pura del Ser, que es idéntica a la luz del Conocimiento, simbolizado por la luminosidad de las esferas celestes que representan los estados superiores; *rajas*, la impulsión que provoca la expansión del ser en un estado determinado, tal como el estado humano, o, si se quiere, el despliegue de este ser en un cierto nivel de la existencia; finalmente, *tamas*, la obscuridad, asimilada a la ignorancia, raíz tenebrosa del ser considerado en sus estados inferiores. Así, *sattwa*, que es una tendencia ascendente, se refiere a los estados superiores y luminosos, es decir, a los Cielos, y *tamas*, que es una tendencia descendente, se refiere a los estados inferiores y tenebrosos, es decir, a los Infiernos; *rajas*, que se podría representar por una extensión en el sentido horizontal, se refiere al mundo intermediario, que es aquí el «mundo del hombre», puesto que es nuestro grado de existencia el que tomamos como término de comparación, y que debe ser considerado como comprendiendo la Tierra con el Purgatorio, es decir, el conjunto del mundo corporal y del mundo psíquico. Se ve que esto corresponde exactamente a la primera de las dos maneras de considerar la división de los tres mundos que hemos mencionado precedentemente; y el paso de uno a otro de estos tres mundos puede ser descrito como resultando de un cambio en la dirección general del ser, o de un cambio del *guna* que, al predominar en él determina esta dirección. Existe precisamente un texto vêdico en el que los tres *gunas* son presentados así como convirtiéndose el uno en el otro procediendo en ello según un orden ascendente: «Todo era *tamas*: Él (el Supremo *Brahma*) ordenó un cambio, y *tamas* tomó el tinte (es decir, la naturaleza) de *rajas* (intermediario entre la obscuridad y la luminosidad); y *rajas*, habiendo recibido de nuevo un mandato, revistió la naturaleza de *sattwa*». Este texto da como un esquema de la organización de los tres mundos, a partir del caos primordial de las posibilidades, conformemente al orden de generación y de encadenamiento de los ciclos de la existencia universal. Por lo demás, cada ser, para realizar todas estas posibilidades, debe pasar, en lo que le concierne particularmente, por los estados que corresponden respectivamente a estos diferentes ciclos, y es por eso por lo que la iniciación, que tiene como meta el cumplimiento total del ser, se efectúa necesariamente por las mismas fases: el proceso iniciático reproduce rigurosamente el proceso cosmogónico, según la analogía constitutiva del Macrocosmo y del Microcosmo[56].

---

[56] Puesto que la teoría de los tres *gunas* se refiere a todos los modos posibles de la manifestación universal, es naturalmente susceptible de aplicaciones múltiples; una

---

de estas aplicaciones, que concierne especialmente al mundo sensible, se encuentra en la teoría cosmológica de los elementos; pero aquí no teníamos que considerar más que su significación general, puesto que se trataba solo de explicar la repartición de todo el conjunto de la manifestación según la división jerárquica de los tres mundos, y de indicar el alcance de esta repartición desde el punto de vista iniciático.

CAPÍTULO VII

LOS NÚMEROS SIMBÓLICOS

Antes de pasar a las consideraciones que se refieren a la teoría de los ciclos cósmicos, debemos presentar ahora algunas precisiones sobre el papel que desempeña el simbolismo de los números en la obra de Dante; y hemos encontrado indicaciones muy interesantes sobre este tema en un trabajo del profesor Rodolfo Benini[57], que, no obstante, no ha sacado de ellas todas las conclusiones que éstas parecen conllevar. Es cierto que este trabajo es una investigación del plan primitivo del *Inferno*, emprendida con intenciones que son sobre todo de orden literario; pero las constataciones a las que conduce esta investigación tienen en realidad un alcance

---

[57] Per la restituzione della Cantica dell'Inferno alla sua forma primitiva, en el Nuovo Patto, septiembre de 1921, pp. 506-532.

mucho más considerable.

Según M. Benini, habría para Dante tres parejas de números que tienen un valor simbólico por excelencia: son 3 y 9, 7 y 22, 515 y 666. Para los dos primeros números, no hay ninguna dificultad: todo el mundo sabe que la división general del poema es ternaria, y acabamos de explicar sus razones; por otra parte, ya hemos recordado que 9 es el número de Beatriz, como se ve en la *Vita Nuova*. Por lo demás, este número 9 está directamente vinculado al precedente, puesto que es su cuadrado, y se le podría llamar un triple ternario; es el número de las jerarquías angélicas, y por consiguiente el de los Cielos, y es también el de los círculos infernales, ya que hay una cierta relación de simetría inversa entre los Cielos y los Infiernos. En cuanto al número siete, que encontramos particularmente en las divisiones del Purgatorio, todas las tradiciones están de acuerdo en considerarle igualmente como un número sagrado, y no creemos útil enumerar aquí todas las aplicaciones a las que da lugar; recordaremos solamente, como una de las principales, la consideración de los siete planetas, que sirve de base a una multitud de correspondencias analógicas (ya hemos visto un ejemplo de ello a propósito de las siete artes liberales). El número 22 está ligado al 7 por la relación 22/7, que es la expresión aproximada de la relación de la circunferencia con el diámetro, de suerte que el conjunto de estos dos números representa el círculo, que es la figura más perfecta para Dante como para los Pitagóricos (y todas las divisiones de cada uno de los tres mundos tienen esta forma circular); además, 22 reúne los símbolos de dos de los «movimientos elementales» de la física aristotélica: el *movimiento local*, representado por 2, y el de la *alteración*, representado por 20, como Dante mismo lo explica en el *Convito*[58]. Tales son, para este último número, las interpretaciones dadas por M. Benini; al reconocer que son perfectamente justas, debemos decir no obstante que este número no nos parece tan fundamental como él piensa, y que se nos aparece incluso sobre todo como un derivado de otro que el autor no menciona más que a título secundario, mientras

---

[58] El tercer «movimiento elemental», el del *acrecentamiento*, es representado por el número 1000; y la suma de los tres números simbólicos es 1022, que los «sabios de Egipto», al decir de Dante, consideraban como el número de las estrellas fijas.

que, en realidad, tiene una importancia más grande: es el número 11, del que 22 no es más que un múltiplo.

Aquí, nos es menester insistir un poco, y diremos primero que esta laguna nos ha extrañado tanto más en M. Benini, cuanto que todo su trabajo se apoya sobre la precisión siguiente: en el *Inferno*, la mayoría de las escenas completas o episodios en los que se subdividen los diversos cantos comprenden exactamente once o veintidós estrofas (algunas comprenden diez solamente); hay también un cierto número de preludios y de finales en siete estrofas; y, si estas proporciones no siempre han sido conservadas intactas, es porque el plan primitivo del *Inferno* ha sido modificado ulteriormente. En estas condiciones, ¿por qué 11 no sería al menos tan importante de considerar como 22? Estos dos números se encuentran asociados también en las dimensiones asignadas a los extremos «bolgie», cuyas circunferencias respectivas son de 11 y 22 millas; pero 22 no es el único múltiplo de 11 que interviene en el poema. Hay también 33, que es el número de los cantos en los que se divide cada una de las tres partes; solo el *Inferno* tiene 34, pero el primero es más bien una introducción general, que completa el número total de 100 para el conjunto de la obra. Por otra parte, cuando se sabe lo que era el ritmo para Dante, se puede pensar que no es arbitrariamente como ha escogido el verso de once sílabas, como tampoco la estrofa de tres versos que nos recuerda el ternario; cada estrofa tiene 33 sílabas, de igual modo que los conjuntos de 11 y 22 estrofas que acabamos de tratar contienen respectivamente 33 y 66 versos; y los diversos múltiplos de 11 que encontramos aquí tienen todos un valor simbólico particular. Así pues, es muy insuficiente limitarse, como lo hace M. Benini, a introducir 10 y 11 entre 7 y 22 para formar «un tetracordio que tiene una vaga semejanza con el tetracordio griego», y cuya explicación nos parece más bien confusa.

La verdad, es que el número 11 desempeñaba un papel considerable en el simbolismo de algunas organizaciones iniciáticas; y, en cuanto a sus múltiplos, recordaremos simplemente esto: 22 es el número de las letras del alfabeto hebraico, y se sabe cual es su importancia en la Kabbala; 33 es el número de los años de la vida terrestre de Cristo, que se vuelve a encontrar en la edad simbólica del Rosa-Cruz masónico, y también en el número de los grados de la Masonería escocesa; 66 es, en árabe, el valor numérico total del nombre de *Allah*, y 99 es el número de los principales atributos divinos según la tradición islámica; sin duda se podrían establecer todavía muchas otras aproximaciones. Al margen de las significaciones diversas que pueden vincularse al número 11 y a sus múltiplos, el empleo que hace Dante de él constituía un verdadero «signo de reconocimiento», en el sentido más estricto de esta expresión; y, para nos, es en eso donde reside precisamente la razón de las modificaciones que el *Inferno* ha debido sufrir después de su primera redacción. Entre los motivos que han podido llevar a esas modificaciones, M. Benini considera ciertos cambios en el plan cronológico y arquitectónico de la obra, que son posibles sin duda, pero que no nos parecen claramente probados; pero menciona también «los *hechos nuevos* que el poeta quería tener en cuenta en el sistema de las profecías», y es aquí donde nos parece que se aproxima a la verdad, sobre todo cuando agrega: «por ejemplo, la muerte del Papa Clemente V, ocurrida en 1314, cuando el *Inferno*, en su primera redacción, debía estar terminado». En efecto, la verdadera razón, a nuestros ojos, son los acontecimientos que tuvieron lugar de 1300 a 1314, es decir, la destrucción de la Orden del Temple y sus diversas consecuencias[59]; y Dante, por lo demás, no ha podido impedirse indicar estos acontecimientos, cuando, haciendo predecir por Hugo Capeto los crímenes de Felipe el Hermoso, después de haber hablado de ultraje que éste hizo sufrir «a Cristo en su vicario», prosigue en estos términos[60]:

---

[59] Es interesante considerar la sucesión de estas fechas: en 1307, Felipe el Hermoso, de acuerdo con Clemente V, hace aprisionar al Gran Maestre y a los principales dignatarios de la Orden del Temple (en número de 72, se dice, y éste es también un número simbólico); en 1308, Enrique de Luxemburgo es elegido emperador; en 1312, la Orden del Temple es abolida oficialmente; en 1313, el emperador Enrique VII muere misteriosamente, sin duda envenenado; en 1314 tiene lugar el suplicio de los Templarios cuyo proceso duraba desde hacía siete años; el mismo año, el rey Felipe el Hermoso y el Papa Clemente V mueren a su vez.

[60] *Purgatorio*, XX, 91-93. — El móvil de Felipe el Hermoso, para Dante, es la avaricia y la avidez; hay quizás una relación más estrecha de lo que se podría suponer entre dos hechos imputables a este rey: la destrucción de la Orden del Temple y la alteración de las monedas.

Veggio il nuovo Pilato si crudele,
Che ciò nol sazia, ma, senza decreto,
Porta nel Tempio le cupide vele.

Y, cosa más sorprendente, la estrofa siguiente[61] contiene, en términos propios, el *Nekam Adonaï* [62] de los *Kadosch Templarios*:

O Signor mio, quando sarò io lieto
A veder la vendetta, che, nascosa,
Fa dolce l'ira tua nel tuo segreto?

Muy ciertamente, éstos son los «hechos nuevos» que Dante tuvo que tener en cuenta, y eso por motivos muy diferentes de aquellos en los que se puede pensar cuando se ignora la naturaleza de las organizaciones a las que Dante pertenecía. Estas organizaciones, que procedían de la Orden del Temple y que tuvieron que recoger una parte de su herencia, debieron disimularse entonces mucho más cuidadosamente que antes, sobre todo después de

---

[61] *Purgatorio*, XX, 94-96.

[62] En hebreo, estas palabras significan: «Venganza; ¡oh Señor!»; *Adonaï* debería traducirse más literalmente por «Señor mío», y se observará que es exactamente así como se encuentra traducido en el texto de Dante.

la muerte de su jefe exterior, el emperador Enrique VII de Luxemburgo, cuya sede en el más alto de los Cielos, Beatriz, como anticipación, había mostrado a Dante[63]. Desde entonces, convenía ocultar el signo «de reconocimiento» al que hemos hecho alusión: las divisiones del poema donde aparecía más claramente el número 11 debían ser, no suprimidas, pero sí vueltas menos visibles, de manera que pudieran ser encontradas solo por aquellos que conocieran su razón de ser y su significación; y, si se piensa que

---

[63] *Paradiso*, XXX, 124-148. Este pasaje es precisamente aquel en el que se trata del «convento delle bianche stole». — Las organizaciones en cuestión habían tomado como palabra de paso *Altri*, que Aroux (*Dante héretique, révolutionnaire et socialiste*, p. 227) interpreta así: *Arrigo Lucemburghese, Teutonico, Romano, Imperatore*; pensamos que la palabra *Teutónico* es inexacta y debe ser reemplazada por *Templare*. Por lo demás, es verdad que debía haber una cierta relación entre la Orden del Temple y la de los *Caballeros teutónicos*; no sin razón fueran fundadas casi simultáneamente, la primera en 1118 y la segunda en 1128. — Aroux supone que la palabra *altri* podría ser interpretada como acaba de decirse en un cierto pasaje de Dante (*Inferno*, IX, 9), y que, de igual modo, la palabra *tal* (*id.*, VIII, 130, y IX, 8) podría traducirse por *Teutonico Arrigo Lucemburghese*.

han transcurrido seis siglos antes de que su existencia haya sido señalada públicamente, es menester admitir que las precauciones requeridas habían sido bien tomadas, y que las mismas no carecían de eficacia[64].

Por otra parte, al mismo tiempo que aportaba estos cambios a la primera parte de su poema, Dante aprovechaba de ello para introducir en él nuevas referencias a otros números simbólicos; y he aquí lo que dice de ello M. Benini: «Dante imaginó entonces regular los intervalos entre las profecías y otros rasgos sobresalientes del poema, de manera que éstos se respondieran uno a otro según números determinados de versos, escogidos naturalmente entre los números simbólicos. En suma, un sistema de consonancias y de periodos rítmicos fue sustituido por otro, pero mucho más complicado y *secreto* que aquél, como conviene al lenguaje de la revelación hablada por seres que ven el porvenir. Y aquí es donde aparecen los famosos 515 y 666, de los que

---

[64] El número 11 ha sido conservado en el ritual del grado 33 escocés, donde se asocia precisamente a la fecha de la abolición de la Orden del Temple, contada según la era masónica y no según la era vulgar.

la trilogía está llena: 666 versos separan la profecía de Ciacco de la de Virgilio, 515 la profecía de Farinata de la de Ciacco; 666 se interponen de nuevo entre la profecía de Brunetto Latini y la de Farinata, y todavía 515 entre la profecía de Nicolás III y la de messire Brunetto». Estos números 515 y 666, que vemos alternar así regularmente, se oponen uno a otro en el simbolismo adoptado por Dante: en efecto, se sabe que 666 es en el *Apocalipsis* el «número de la bestia», y que se han hecho innumerables cálculos, frecuentemente fantasiosos, para encontrar el nombre del Anticristo, cuyo valor numérico debe representar, «ya que este número es un número de hombre»[65]; por una parte, 515 es enunciado expresamente con una significación directamente contraria a esa, en la predicción de Beatriz: «Un *cinquecento diece e cinque*, messo di Dio...»[66]. Se ha pensado que este 515 era la misma cosa que el misterioso *Veltro*, enemigo de la loba que se encuentra así identificado a la bestia apocalíptica[67]; y se ha supuesto incluso que ambos

[65] *Apocalipsis*, XIII, 18.

[66] *Purgatorio*, XXXIII, 43-44.

[67] *Inferno*, I, 100-111. — Se sabe que la loba fue primero

símbolos designaban a Enrique de Luxemburgo[68].

No tenemos la intención de discutir aquí la significación del *Veltro*[69], pero no creemos que sea menester ver en él una alusión a un personaje determinado; para nos, se trata solo de uno de los aspectos de la concepción general que Dante se hace del Imperio[70]. M. Benini, al observar que el

---

el símbolo de Roma, pero que fue reemplazada por el águila en la época imperial.

[68] E. G. Parodi, Poesia e Storia nella Divina Commedia.

[69] El *Veltro* es un lebrel, un perro, y Aroux sugiere la posibilidad de una suerte de juego de palabras entre *cane* y el título de *Khan* dado por los Tártaros a sus jefes; así, un nombre como el de *Can Grande della Scala*, el protector de Dante, podría haber tenido un doble sentido. Esta aproximación no tiene nada de inverosímil, ya que no es el único ejemplo que se pueda dar de un simbolismo que reposa sobre una similitud fonética; agregaremos incluso que, en diversas lenguas, la raíz *can* o *kan* significa «poder», lo que se relaciona todavía con el mismo orden de ideas.

[70] El Emperador, tal como le concebía Dante, es completamente comparable al *Chakravartî* o monarca universal de los Hindúes, cuya función esencial es hacer reinar la paz *sarvabhaumika*, es decir, la paz que se extiende a toda la tierra; habría que hacer también aproximaciones entre esta teoría del Imperio y la del Khalifato en Mohyiddin.

número 515 se transcribe en letras latinas por DXV, interpreta estas letras como iniciales que designan *Dante, Veltro di Cristo*; pero esta interpretación es singularmente forzada, y por lo demás nada autoriza a suponer que Dante haya querido identificarse él mismo a este «enviado de Dios». En realidad, basta cambiar el orden de las letras numéricas para obtener DVX, es decir, la palabra *Dux*, que se comprende sin más explicación[71]; y agregaremos que la suma de las cifras de 515 da también el número 11 [72]: este *Dux* puede bien ser Enrique de Luxemburgo, si se quiere, pero es también, y al mismo título, cualquier otro jefe que pueda ser escogido por las mismas organizaciones para realizar la meta que se habían asignado en el orden social, y que la Masonería escocesa designa todavía como el «reino del Sacro Imperio»[73].

---

[71] Por lo demás, se puede observar que este *Dux* es el equivalente del *Khan* tártaro.

[72] De igual modo, las letras DIL, primeras de las palabras *Diligite justitiam*…, y que son primeramente enunciadas por separado (*Paradiso*, XVIII, 78), valen 551, que está formado de las mismas cifras que 515, colocadas en otro orden, y que se reduce igualmente a 11.

[73] Ciertos Supremos Consejos escoceses, concretamente

---

el de Bélgica, han eliminado no obstante de sus Constituciones y de sus rituales la expresión de «Sacro Imperio» por todas partes donde se encontraba; vemos ahí el indicio de una singular incomprehensión del simbolismo hasta en sus elementos más fundamentales, y eso muestra a qué grado de degeneración han llegado, incluso en los grados más altos, en algunas facciones de la Masonería contemporánea.

CAPÍTULO VIII

LOS CICLOS CÓSMICOS

D espués de estas observaciones que creemos propias para fijar algunos puntos históricos importantes, llegamos a lo que M. Benini denomina la «cronología» del poema de Dante. Ya hemos mencionado que éste cumple su viaje a través de los mundos durante la semana santa, es decir, en el momento del año litúrgico que corresponde al equinoccio de primavera; y hemos visto también que es en esta época, según Aroux, cuando los *Cátharos* hacían sus iniciaciones. Por otra parte, en los capítulos masónicos de Rosa-Cruz, la conmemoración de la Cena es celebrada el jueves Santo, y la reanudación de los trabajos tiene lugar simbólicamente el viernes a las tres de la tarde, es decir, en el día y en la hora en que murió Cristo. En fin, el comienzo de esta semana santa del año 1300 coincide con la luna llena; y se podría hacer observar a este propósito, para completar las concordancias señaladas por Aroux, que es también en la luna llena cuando los *Noachites* tienen sus asambleas.

Ese año 1300 marca para Dante el medio de su vida (tenía entonces 35 años), y para él es también el medio de los tiempos; aquí también, citaremos lo que dice M. Benini: «Raptado por un pensamiento extraordinariamente egocéntrico, Dante sitúa su visión en el medio de la vida del mundo —el movimiento de los cielos había durado 65 siglos hasta él, y debía durar otros 65 después de él— y, mediante un hábil juego, hizo que se rencontraran los aniversarios exactos, en tres especies de años astronómicos, de los acontecimientos más grandes de la historia, y, en una cuarta especie, el aniversario del acontecimiento más grande de su vida personal». Lo que debe retener sobre todo nuestra atención, es la evaluación de la duración total del mundo, diríamos más bien del ciclo actual: dos veces 65 siglos, es decir, 130 siglos o 13.000 años, de los que los trece siglos transcurridos desde el comienzo de la era cristiana forman exactamente la décima parte. El número 65 es por lo demás digno de observar en sí mismo: por la adición de sus cifras, se reduce también a 11, y, además, este número se encuentra ahí descompuesto en 6 y 5, que son los números simbólicos respectivos del Macrocosmo y del Microcosmo, y a los que Dante hace salir al uno y al otro de la unidad principial cuando dice: «... Cosi come raia dell'*un*, se si conosce, il *cinque* e il *sei*»[74]. Finalmente, al traducir 65 en letras latinas como lo hemos hecho para 515, tenemos LXV, o, con la misma interversión que precedentemente, LVX, es decir, la palabra *Lux*; y esto puede tener una relación con la era masónica de la *Verdadera Luz*[75].

Pero he aquí lo más interesante que hay: la duración de 13.000 años no es otra cosa que el semiperiodo de la precesión de los equinoccios, evaluado con un error que es solo de 40 años por exceso, inferior por tanto a medio siglo, y que representa por consiguiente una aproximación completamente aceptable, sobre todo cuando esta duración se expresa en siglos. En efecto, el periodo total es en realidad de 25.920 años, de suerte que su mitad es de 12.960 años; este semiperiodo es el «gran año» de los Persas y de

---

[74] *Paradiso*, XV, 56-57.

[75] Añadiremos también que el número 65 es, en hebreo, el número del nombre divino *Adonaï*.

los Griegos, evaluado a veces también en 12.000 años, lo que es mucho menos exacto que los 13.000 años de Dante. Este «gran año» era considerado efectivamente por los antiguos como el tiempo que transcurre entre dos renovaciones del mundo, lo que sin duda debe interpretarse, en la historia de la humanidad terrestre, como el intervalo que separa dos grandes cataclismos en los que desaparecen continentes enteros (y de los que el último fue la destrucción de la Atlántida). A decir verdad, eso no es más que un ciclo secundario, que podría ser considerado como una fracción de otro ciclo más extenso; pero, en virtud de una cierta ley de correspondencia, cada uno de los ciclos secundarios reproduce, a una escala más reducida, fases que son comparables a las de los grandes ciclos en los cuales se integra. Así pues, lo que puede decirse de las leyes cíclicas en general encontrará su aplicación a diferentes grados: ciclos históricos, ciclos geológicos, ciclos propiamente cósmicos, con divisiones y subdivisiones que multiplican aún estas posibilidades de aplicación. Por lo demás, cuando se rebasan los límites del mundo terrestre, ya no puede tratarse de medir la duración de un ciclo por un número de años entendido literalmente;

los números toman entonces un valor puramente simbólico, y expresan proporciones más bien que duraciones reales. Por ello no es menos verdad que, en la cosmología hindú, todos los números cíclicos están basados esencialmente sobre el periodo de la precesión de los equinoccios, con el que tienen relaciones claramente determinadas[76]; así pues, ese es el fenómeno fundamental en la aplicación astronómica de las leyes cíclicas, y, por consiguiente, el punto de partida natural de todas las transposiciones analógicas a las que estas mismas leyes pueden dar lugar. No podemos pensar en entrar aquí en el desarrollo de estas teorías; pero es destacable que Dante haya tomado la misma base para su cronología simbólica, y, sobre este punto también, podemos constatar su perfecto acuerdo con las doctrinas tradicionales de Oriente[77].

---

[76] Los principales de estos números cíclicos son 72, 108 y 432; es fácil ver que son fracciones exactas del número 25.920, al que se vinculan inmediatamente por la división geométrica del círculo; y esta división misma es también una aplicación de los números cíclicos.

[77] Por lo demás, en el fondo hay acuerdo entre todas las tradiciones, cualesquiera que sean sus diferencias de forma; es así como la teoría de las cuatro edades de la

Pero uno se puede preguntar por qué Dante sitúa su visión exactamente en medio del «gran año», y si es menester verdaderamente hablar a este propósito de «egocentrismo», o si no hay para eso algunas razones de otro orden. Podemos hacer observar primero que, si se toma un punto de partida cualquiera en el tiempo, y si se cuenta a partir de ese origen la duración del periodo cíclico, siempre se llegará a un punto que estará en perfecta correspondencia con aquél de donde se ha partido, ya que es esta correspondencia misma entre los elementos de los ciclos sucesivos la que asegura la continuidad de éstos. Así pues, se puede escoger el origen de manera de colocarse

---

humanidad (que se refiere a un ciclo más extenso que el de 13.000 años) se encuentra a la vez en la antigüedad grecorromana, en los Hindúes y en los pueblos de la América central. Se puede encontrar una alusión a estas cuatro edades (de oro, de plata, de bronce y de hierro) en la figura del «anciano de Creta» (*Inferno*, XIV, 94-120), que, por lo demás, es idéntico a la estatua del sueño de Nabucodonosor (*Daniel*, II); y los cuatro ríos de los Infiernos, que Dante hace salir de él, no dejan de tener una cierta relación analógica con los del Paraíso terrestre; todo esto no puede comprenderse más que si uno lo refiere a las leyes cíclicas.

idealmente en el medio de un tal periodo; se tienen así dos duraciones iguales, una anterior y la otra posterior, en el conjunto de las cuales se cumple verdaderamente toda la revolución de los cielos, puesto que todas las cosas se rencuentran finalmente en una posición, no idéntica (pretenderlo sería caer en el error del «eterno retorno» de Nietzche), sino analógicamente correspondiente a la que tenían al comienzo. Esto puede ser representado geométricamente de la manera siguiente: si el ciclo en cuestión es el semiperiodo de la precesión de los equinoccios, y si se figura el periodo entero por una circunferencia, bastará trazar un diámetro horizontal para partir esta circunferencia en dos mitades de las que cada una representará un semiperiodo, donde el comienzo y el fin de éste corresponden a las dos extremidades del diámetro; si se considera solamente la semicircunferencia superior, y si se traza el radio vertical, éste terminará en el punto mediano, que corresponde al «medio de los tiempos». La figura así obtenida es el signo ⊕, es decir, el símbolo alquímico del reino mineral[78]; coronado de una

---

[78] Este símbolo es uno de los que se refieren a la división

René Guénon

cruz, es el «globo del mundo», jeroglífico de la Tierra y emblema del poder imperial[79]. Este último uso del símbolo de que se trata permite pensar que debía tener para Dante un valor particular; y la añadidura de la cruz se encuentra implicada en el hecho de que el punto central donde se colocaba correspondía geográficamente a Jerusalem, que representaba para él lo que podemos llamar el «polo espiritual»[80]. Por otra parte, en los antípodas de Jerusalem, es decir, en el otro polo, se eleva el monte del Purgatorio, por encima del cual brillan las cuatro estrellas que forman la constelación de la «Cruz del Sur»[81]; ahí está la entrada de los Cielos, de igual modo que por debajo de Jerusalem está la entrada de los Infiernos; y encontramos figurada, en esta

---

cuaternaria del círculo, cuyas aplicaciones analógicas son casi innumerables.

[79] Cf. Oswald Wirth, le Symbolisme hermétique dans ses rapports avec l'Alchimie et la Franc-Maçonnerie, pp. 19 y 70-71.

[80] El simbolismo del polo desempeña un papel considerable en todas las doctrinas tradicionales; pero, para dar su explicación completa, sería menester consagrarle todo un estudio especial.

[81] *Purgatorio*, I, 27.

oposición, la antítesis del «Cristo doloroso» y del «Cristo glorioso».

Se podrá encontrar extraño, a primera vista, que establezcamos así una asimilación entre un simbolismo cronológico y un simbolismo geográfico; y no obstante es a eso a lo que queríamos llegar para dar a la precisión que precede su verdadera significación, ya que la sucesión temporal, en todo esto, no es más que un modo de expresión simbólico. Un ciclo cualquiera puede ser partido en dos fases, que son, cronológicamente, sus dos mitades sucesivas, y es bajo esta forma como lo hemos considerado en primer lugar; pero en realidad, estas dos fases representan respectivamente la acción de dos tendencias adversas, y por lo demás complementarias; y, evidentemente, esta acción puede ser tanto simultánea como sucesiva. Por consiguiente, colocarse en el medio del ciclo, es colocarse en el punto donde estas tendencias se equilibran: es, como dicen los iniciados musulmanes, «el lugar divino donde se concilian los contrastes y las antinomias»; es el centro de la «rueda de las cosas», según la expresión hindú, o el «invariable medio» de la tradición extremo oriental, el punto fijo alrededor del cual se efectúa la rotación de las esferas, la mutación perpetua del mundo manifestado. El viaje de Dante se cumple según el «eje espiritual» del mundo; en efecto, solo desde ahí se pueden considerar todas las cosas en modo permanente, porque uno mismo está sustraído al cambio, y porque, por consiguiente, tiene del cambio una visión sintética y total.

Desde el punto de vista propiamente iniciático, lo que acabamos de indicar responde también a una verdad profunda; el ser debe ante todo identificar el centro de su propia individualidad (representado por el corazón en el simbolismo tradicional) con el centro cósmico del estado de existencia al que pertenece esta individualidad, y que va a tomar como base para elevarse a los estados superiores. Es en este centro donde reside el equilibrio perfecto, imagen de la inmutabilidad principial en el mundo manifestado; es ahí donde se proyecta el eje que liga entre sí todos los estados, el «rayo divino» que, en su sentido ascendente, conduce directamente a esos estados superiores que se trata de alcanzar. Todo punto posee virtualmente estas posibilidades y es, si se puede decir, el centro en potencia; pero es menester que lo devenga efectivamente, por una identificación real, para hacer actualmente posible el florecimiento total del ser. He aquí por qué Dante, para poder elevarse a los Cielos, debía colocarse primero en un punto que sea verdaderamente el centro del mundo terrestre; y este punto lo es a la vez según el tiempo y según el espacio, es decir, en relación a las dos condiciones que caracterizan esencialmente la existencia de este mundo.

Si retomamos ahora la representación geométrica de que nos hemos servido precedentemente, vemos también que el rayo vertical, que va desde la superficie de la tierra a su centro, corresponde a la primera parte del viaje de Dante, es decir, a la travesía de los Infiernos. El centro de la tierra es el punto más bajo, puesto que es ahí hacia donde tienden por todas partes las fuerzas de la pesantez; tan pronto como es rebasado, comienza pues el ascenso, y va a efectuarse en la dirección opuesta, para desembocar en los antípodas del punto de partida. Para representar esta segunda fase, es menester pues prolongar el radio más allá del centro, de manera que se complete el diámetro vertical; se tiene entonces la figura del círculo dividido por una cruz, es decir el signo $\oplus$, que es el símbolo hermético del reino vegetal. Ahora bien, si se considera de una manera general la naturaleza de los elementos simbólicos que desempeñan un papel preponderante en las dos primeras partes del poema, se puede constatar en efecto que se refieren respectivamente a los dos reinos mineral y vegetal; no insistiremos sobre la relación evidente que une el primero a las regiones interiores de la tierra, y solo recordaremos los «árboles místicos» del Purgatorio y del Paraíso terrestre. Se podría esperar ver proseguirse la correspondencia entre la tercera parte y el reino animal[82]; pero a decir verdad, no hay nada de eso, porque los límites del mundo terrestre son rebasados aquí, de suerte que ya no es posible aplicar la consecución del

---

[82] El símbolo hermético del reino animal es el signo $\oplus$, que conlleva el diámetro vertical entero y la mitad solamente del diámetro horizontal; este símbolo es en cierto modo inverso del símbolo del reino mineral, puesto que lo que era horizontal en uno deviene vertical en el otro y recíprocamente; y el símbolo del reino vegetal, donde hay una suerte de simetría o de equivalencia entre las dos direcciones horizontal y vertical, representa un estado intermediario entre los otros dos.

mismo simbolismo. Es al final de la segunda parte, es decir, todavía en el Paraíso terrestre, donde encontramos la mayor abundancia de símbolos animales; así pues, es menester haber recorrido los tres reinos, que representan las diversas modalidades de la existencia en nuestro mundo, antes de pasar a otros estados, cuyas condiciones son completamente diferentes[83].

Nos es menester considerar todavía los dos puntos opuestos, situados en las extremidades del eje que atraviesa la tierra, y que, como lo hemos dicho, son Jerusalem y el Paraíso terrestre. En cierto modo, son las proyecciones verticales de los dos puntos que marcan el comienzo y el fin del ciclo cronológico, y que, como tales, habíamos hecho corresponder a las extremidades del diámetro horizontal en la figuración precedente. Si estas extremidades representan su oposición

---

[83] Haremos observar que los tres grados de la Masonería simbólica tienen, en algunos ritos, palabras de paso que representan también respectivamente a los tres reinos, mineral, vegetal y animal; además, la primera de estas palabras se interpreta a veces en un sentido que está en una estrecha relación con el simbolismo del «globo del mundo».

según el tiempo, y si las extremidades del diámetro vertical representan su oposición según el espacio, se tiene así una expresión del papel complementario de los dos principios cuya acción, en nuestro mundo, se traduce por la existencia de las dos condiciones de tiempo y de espacio. La proyección vertical podría ser considerada como una proyección en lo «intemporal», si nos es permisible expresarlo así, puesto que se efectúa según el eje desde donde todas las cosas son consideradas en modo permanente y ya no transitorio; el paso del diámetro horizontal al diámetro vertical representa pues verdaderamente una transmutación de la sucesión en simultaneidad.

Pero se dirá, ¿qué relación hay entre los dos puntos de que se trata y las extremidades del ciclo cronológico? Para uno de ellos, el Paraíso terrestre, esta relación es evidente, y eso es lo que corresponde al comienzo del ciclo; pero, para el otro, es menester precisar que la Jerusalem terrestre se toma como la prefiguración, de la Jerusalem celeste que describe el *Apocalipsis*; simbólicamente, por lo demás, es también en Jerusalem donde se coloca el lugar de la resurrección y del juicio que terminan el ciclo. La

situación de los dos puntos en los antípodas uno
del otro toma también una nueva significación si
se observa que la Jerusalem celeste no es otra cosa
que la reconstitución misma del Paraíso terrestre,
según una analogía que se aplica en sentido
inverso[84]. En el comienzo de los tiempos, es decir,
del ciclo actual, el Paraíso terrestre se ha hecho
inaccesible a consecuencia de la caída del hombre;
la nueva Jerusalem debe «descender del cielo a la
tierra» en el final del mismo ciclo, para marcar el
restablecimiento de todas las cosas en su orden
primordial, y se puede decir que desempeñará
para el ciclo futuro el mismo papel que el Paraíso
terrestre para éste. En efecto, el fin de un ciclo es
análogo a su comienzo, y coincide con el
comienzo del ciclo siguiente; lo que no era más
que virtual en el comienzo del ciclo se encuentra
realizado efectivamente en su fin, y engendra
entonces inmediatamente las virtualidades que se
desarrollarán a su vez en el curso de ciclo futuro;
pero esa es una cuestión sobre la que no
podríamos insistir más sin salirnos enteramente

---

[84] Entre el Paraíso terrestre y la Jerusalém celeste hay la
misma relación que entre los dos Adam de los que habla
San Pablo (1ª *Epístola a los Corintios*, XV).

de nuestro tema[85]. Para indicar aún otro aspecto del mismo simbolismo, agregaremos que el centro del ser, al que ya hemos hecho alusión más atrás, es designado por la tradición hindú como la «ciudad de Brahma» (en sánscrito *Brahma-pura*), y que varios textos hablan de él en términos que son casi idénticos a los que encontramos en la descripción apocalíptica de la Jerusalém celeste[86]. Finalmente, y para volver a lo

---

[85] Hay todavía a este propósito muchas otras cuestiones en las que podría ser interesante profundizar, como por ejemplo en ésta: ¿por qué el Paraíso terrestre es descrito como un jardín y con un simbolismo vegetal, mientras que la Jerusalem celeste es descrita como una ciudad y con un simbolismo mineral? Ello es porque la vegetación representa la elaboración de los gérmenes en la esfera de la asimilación vital, mientras que los minerales representan los resultados definitivamente fijados, «cristalizados» por así decir, al término del desarrollo cíclico.

[86] La aproximación a la que estos textos dan lugar es todavía más significativa cuando se conoce la relación que une al *Cordero* del simbolismo Cristiano con el *Agni* vêdico (cuyo vehículo es representado por un carnero). No pretendemos que haya, entre las palabras *Agnus* e *Ignis* (equivalente latino de *Agni*), otra cosa que una de esas similitudes fonéticas a las que hacíamos alusión más

que concierne más directamente al viaje de
Dante, conviene notar que, si es el punto inicial
del ciclo el que deviene el término de la travesía
del mundo terrestre, en eso hay una alusión
formal a ese «retorno a los orígenes» que tiene un
lugar tan importante en todas las doctrinas
tradicionales, y sobre el que, por una coincidencia
bastante sorprendente, el esoterismo Islámico y el
Taoísmo insisten más particularmente; lo que se
trata, por lo demás, es todavía la restauración del
«estado edénico», de la que ya hemos hablado, y
que debe ser considerada como una condición
preliminar para la conquista de los estados

---

atrás, que pueden no corresponder a ningún parentesco
lingüístico propiamente dicho, pero que por ello no son
puramente accidentales. De lo que queremos hablar
sobre todo, es de un cierto aspecto del simbolismo del
fuego, que, en diversas formas tradicionales, se liga
bastante estrechamente a la idea del «Amor», transpuesta
en un sentido superior como lo hace Dante; y, en esto,
Dante se inspira todavía de San Juan, al que las Órdenes
de caballería han vinculado siempre principalmente sus
concepciones doctrinales. — Conviene hacer observar,
además que el Cordero se encuentra asociado a la vez a
las representaciones del Paraíso terrestre y a las de la
Jerusalem celeste.

superiores del ser.

El punto equidistante de las dos extremidades de las que acabamos de hablar, es decir, el centro de la tierra, es, como ya lo hemos dicho, el punto más bajo, y corresponde también al medio del ciclo cósmico, cuando este ciclo es considerado cronológicamente, o bajo el aspecto de la sucesión. En efecto, entonces se puede dividir su conjunto en dos fases, una descendente, que va en el sentido de una diferenciación cada vez más acentuada, y la otra ascendente, en retorno hacia el estado principial. Éstas dos fases, que la doctrina hindú compara a las fases de la respiración, se encuentran igualmente en las teorías herméticas, donde se les llama «coagulación» y «solución»: en virtud de las leyes de la analogía, la «Gran Obra» reproduce en abreviado todo el ciclo cósmico. Se puede ver en ello la predominancia respectiva de las dos tendencias adversas, *tamas* y *sattwa*, que hemos definido precedentemente: la primera se manifiesta en todas las fuerzas de contracción y de condensación, la segunda en todas las fuerzas de expansión y de dilatación; y encontramos también, a este respecto, una correspondencia con las propiedades opuestas del calor y del frío, puesto que la primera dilata los cuerpos, mientras que la segunda los contrae; por eso es por lo que el último círculo del Infierno está congelado.

Lucifer simboliza el «atractivo inverso de la naturaleza», es decir, la tendencia a la individualización, con todas las limitaciones que le son inherentes; así pues, su morada es «il punto al qual si traggon d'ogni parte i pesi»[87], o, en otros términos, el centro de estas fuerzas atractivas y compresivas que, en el mundo terrestre, son representadas por la pesantez; y ésta, que atrae a los cuerpos hacia abajo (lo cual es en todo lugar el centro de la tierra), es verdaderamente una manifestación de *tamas*. Podemos notar de pasada que esto va en contra de la hipótesis geológica del «fuego central», ya que el punto más bajo debe ser precisamente aquel donde la densidad y la solidez están en su máximo; y, por otra parte, esto no es menos contrario a la hipótesis, considerada por algunos astrónomos, de un «fin del mundo» por congelación, puesto que este fin no puede ser más que un retorno a la indiferenciación. Por lo demás, esta última hipótesis está en contradicción con todas las

---

[87] *Inferno*, XXXIV, 110-111.

concepciones tradicionales: no es solo para Heráclito y para los Estoicos que la destrucción del mundo debía coincidir con su abrasamiento; la misma afirmación se encuentra casi por todas partes, desde los *Purânas* de la India al *Apocalipsis*; y debemos constatar también el acuerdo de estas tradiciones con la doctrina hermética, para la cual el fuego (que es aquel de los elementos en el que predomina *sattwa*) es el agente de la «renovación de la naturaleza» o de la «reintegración final».

Así pues, el centro de la tierra representa el punto extremo de la manifestación en el estado de existencia considerado; es un verdadero punto de detención, a partir del cual se produce un cambio de dirección, donde la preponderancia pasa de la una a la otra de las dos tendencias adversas. Por eso es por lo que, desde que se ha alcanzado el fondo de los Infiernos, comienza la ascensión o el retorno hacia el principio, ascensión que sucede inmediatamente al descenso; y el paso de un hemisferio al otro se hace rodeando el cuerpo de Lucifer, de una manera que hace pensar que la consideración de este punto central no deja de tener ciertas relaciones con los misterios masónicos de la

«Habitación del Medio», donde se trata igualmente de muerte y de resurrección. Por todas partes y siempre, encontramos igualmente la expresión simbólica de las dos fases complementarias que, en la iniciación o en la «Gran Obra» hermética (lo que no es en el fondo más que una sola y misma cosa), traducen estas mismas leyes cíclicas, universalmente aplicables, y sobre las cuales, para nos, reposa toda la construcción del poema de Dante.

René Guénon

CAPÍTULO IX

ERRORES DE LAS
INTERPRETACIONES SISTEMÁTICAS

Algunos pensarán quizás que este estudio plantea aún más cuestiones de las que resuelve, y, a decir verdad, no podríamos protestar contra una semejante crítica, si es que es una crítica; y solo puede serlo por parte de aquellos que ignoran cuánto difiere de todo saber profano el conocimiento iniciático. Por eso es por lo que, desde el comienzo, hemos tenido cuidado de advertir que no entendíamos dar una exposición completa, ya que la naturaleza misma del tema nos impedía una semejante pretensión; y, por lo demás, en este dominio todo se relaciona tan estrechamente, que serían menester ciertamente varios volúmenes para desarrollar como lo merecerían las cuestiones múltiples a las que hemos hecho alusión en el curso de nuestro trabajo, sin hablar de todas las que no hemos tenido la ocasión de considerar, pero a las que este desarrollo, si quisiéramos emprenderle, introduciría a su vez inevitablemente.

Al terminar, diremos solamente, para que nadie pueda equivocarse sobre nuestras intenciones, que los puntos de vista que hemos indicado no son en modo alguno exclusivos, y que sin duda hay todavía muchos otros en los que uno podría colocarse igualmente y de los que se sacarían conclusiones no menos importantes, puesto que todos estos puntos de vista se completan en perfecta concordancia en la unidad de la síntesis total. Pertenece a la esencia misma del simbolismo iniciático no poder reducirse a fórmulas más o menos estrechamente sistemáticas, como aquellas en las que se complace la filosofía profana; el papel de los símbolos es ser el soporte de concepciones cuyas posibilidades de extensión son verdaderamente ilimitadas, y toda expresión no es ella misma más que un símbolo; así pues, es menester reservar siempre la parte de lo inexpresable, que es incluso, en el orden de la metafísica pura, lo que importa más.

En estas condiciones, se comprenderá sin esfuerzo que nuestras pretensiones se limiten a proporcionar un punto de partida a la reflexión de aquellos que, al interesarse verdaderamente en estos estudios, son capaces de comprender su alcance real, y a indicarles la vía de algunas investigaciones de las que nos parece que se podría sacar un provecho muy particular. Así pues, si este trabajo tuviera como efecto suscitar otros en el mismo sentido, solo este resultado estaría lejos de ser desdeñable, tanto más cuanto que, para nos, en esto no se trata de erudición más o menos vana, sino de comprehensión verdadera, y, sin duda, no es sino por tales medios como será posible algún día hacer sentir a nuestros contemporáneos la estrechez y la insuficiencia de sus concepciones habituales. La meta que tenemos así en vista es quizás muy lejana, pero no obstante no podemos evitar pensar en ella y tender hacia ella, al contribuir por nuestra parte, por débil que sea, a aportar alguna luz sobre un lado muy poco conocido de la obra de Dante.

Otros libros de René Guénon

"En el islamismo, la tradición es de doble esencia, religiosa y metafísica"

Omnia Veritas Ltd presenta:

RENÉ GUÉNON
APERCEPCIONES SOBRE EL
ESOTERISMO ISLÁMICO
Y EL TAOÍSMO

Se las compara frecuentemente a la "corteza" y al "núcleo" (el-qishr wa el-lobb)

«A menudo nos concentramos en los errores y confusiones que se hacen sobre la iniciación...»

Omnia Veritas Ltd presenta:

RENÉ GUÉNON

APERCEPCIONES
SOBRE LA INICIACIÓN

Somos conscientes del grado de degeneración al que ha llegado el Occidente moderno ...

« Este cambio convirtió al cristianismo en una religión en el verdadero sentido de la palabra y una forma tradicional ... »

Omnia Veritas Ltd presenta:

RENÉ GUÉNON
APRECIACIONES SOBRE
EL ESOTERISMO CRISTIANO

Las verdades esotéricas estaban fuera del alcance del mayor número...

Omnia Veritas Ltd presenta:

RENÉ GUÉNON
AUTORIDAD ESPIRITUAL Y PODER TEMPORAL

"La distinción de las castas constituye, en la especie humana, una verdadera clasificación natural a la cual debe corresponder la repartición de las funciones sociales."

La igualdad no existe en realidad en ninguna parte

Omnia Veritas Ltd presenta:

RENÉ GUÉNON
EL ERROR ESPIRITISTA

En nuestra época hay muchas otras "contraverdades" que es bueno combatir...

Entre todas las doctrinas "neoespiritualistas", el espiritismo es ciertamente la más extendida

Omnia Veritas Ltd presenta:

RENÉ GUÉNON
EL HOMBRE Y SU DEVENIR SEGÚN EL VÊDÂNTA

"Cuando consideramos lo que es la filosofía en los tiempos modernos, no podemos impedirnos pensar que su ausencia en una civilización no tiene nada de particularmente lamentable."

El Vêdânta no es ni una filosofía, ni una religión

OMNIA VERITAS LTD PRESENTA:

RENÉ GUÉNON

EL TEOSOFISMO

HISTORIA DE UNA SEUDORELIGIÓN

"Nuestra meta, decía entonces Mme Blavatsky, no es restaurar el hinduismo, sino barrer al cristianismo de la faz de la tierra"

El término teosofía sirvió como una denominación común para una variedad de doctrinas

OMNIA VERITAS LTD PRESENTA:

RENÉ GUÉNON

ESTUDIOS SOBRE

EL HINDUÍSMO

"Considerando la contemplación y la acción como complementarias, nos emplazamos en un punto de vista ya más profundo y más verdadero"

... la doble actividad, interior y exterior, de un solo y mismo ser

Omnia Veritas Ltd presenta:

RENÉ GUÉNON

ESTUDIOS SOBRE

LA FRANCMASONERIA

Y EL COMPAÑERAZGO

«Entre los símbolos usados en la Edad Media, además de aquellos de los cuales los Masones modernos han conservado el recuerdo aun no comprendiendo ya apenas su significado, hay muchos otros de los que ellos no tienen la menor idea»

la distinción entre "Masonería operativa" y "Masonería especulativa"

www.omnia-veritas.com